Serie Bianca Feltrinelli

© Giangiacomo Feltrinelli Editore Milano
Prima edizione in "Serie Bianca" ottobre 2007

ISBN 978-88-07-17137-6

www.feltrinelli.it
Libri in uscita, interviste, reading,
commenti e percorsi di lettura.
Aggiornamenti quotidiani

CURZIO MALTESE
I PADRONI DELLE CITTÀ

Introduzione

Tre viaggi

Tre viaggi in Italia, a distanza di vent'anni l'uno dall'altro, hanno segnato le stagioni della mia vita.

Il primo fu nell'estate del '68, con mia madre e mia sorella Cinzia, a bordo di una Cinquecento blu. Da Milano alla Calabria e ritorno. Tre giorni all'andata, sul versante tirrenico, e tre al ritorno, passando per l'Adriatico, con tappe da parenti e amici in Toscana, in Umbria, a Roma e poi, al ritorno, in Puglia e in Romagna. Avevo otto anni ed era il mio primo viaggio lungo, il più fiabesco. Non ho mai più provato quel senso d'avventura neppure sulle cime del Nepal, nell'Oceano Indiano o nei deserti del Mali lungo la rotta della Parigi-Dakar. Milioni d'italiani hanno avuto un tuffo al cuore davanti alle celebrazioni per i cinquant'anni della Cinquecento, nel luglio 2007. Il "macinino", come lo chiamavano tutti, era grande come una Smart di oggi, ma aveva quattro posti e un bagagliaio. È stato la *Niña*, la *Pinta* e la *Santa Maria* di una generazione. Dall'angusto sedile posteriore, l'Italia che avevamo visto soltanto sulla parete dell'aula o in bianco e nero dalla televisione (all'epoca la Rai mostrava ancora il paese) prendeva i contorni di un continente meraviglioso, con catene montuose insormontabili, spiagge sconfinate, pianure verde smeraldo, borghi candidi, cieli azzurrissimi. La canzone di quell'anno, e la colonna sonora del viaggio, era *Azzurro* di Paolo Conte, cantata da Adriano Celentano. L'avremo ascoltata cento volte, dal mangianastri arancione. Rimane ancora oggi la più bella canzone mai scritta, almeno per me, e una delle grandi poesie del secondo Novecento. Era l'Italia del boom, fine boom per essere più precisi. Un paese ancora ingenuo, allegro, rivolto al futuro, dove perfino i poveri potevano sentirsi felici. Ricordo una sosta di sera, ai bordi di una statale umbra, per spiare una festa paesana in tutto e per tutto uguale a quella che anni dopo avrei visto al cineforum ne *Il sorpasso*, con le camicie sgargianti dei contadini che ballavano il twist.

Da quel viaggio tornai con una sete inestinguibile di sapere, mi feci regalare atlanti e cartine geografiche e imparai un gioco che so fare anche adesso, ma con una sciocca vergogna che allora era orgoglio: disegnare a occhi chiusi e alla perfezione i confini dello stivale. L'amore fisico, carnale per la madre terra è rimasto la mia personale forma di patriottismo. Quell'Italia ricca di speranza sarebbe durata ancora poco più di un anno, fino al 12 dicembre 1969.

Il secondo viaggio – giugno 1988, vent'anni dopo – non lo volevo fare. Il direttore de "La Stampa", Gaetano Scardocchia, mi aveva chiesto di seguire il Giro d'Italia, ma io ero stanco di fare il giornalista sportivo. La mia giovinezza di rivoluzionario mancato pretendeva impegni più gravi che non girare il mondo inseguendo la parabola di un pallone da calcio o da basket, i rimbalzi di una pallina da tennis o le piroette dei ginnasti olimpici. Un periodo della vita che oggi naturalmente mi suscita una straziante nostalgia. Insomma, non volevo saperne di pedivelle, bramavo di suicidarmi con la cronaca nera e la politica. Ma due grandi scrittori di sport, Mario Fossati e Gian Paolo Ormezzano, mi convinsero ad accettare. Senza mai accennare al loro amato ciclismo. "Non perdere l'occasione. L'Italia è il più bel paese del mondo. Quando mai ti capiterà di poterla girare per un mese intero a sessanta all'ora e con l'autista?"

Quel Giro cominciò a Urbino e finì a Vittorio Veneto. Era molto sbilanciato a Nord. Fu l'immersione in un paese dove si era realizzata la mutazione antropologica annunciata da Pasolini e stava per scoppiare un intero sistema. La stagione di Craxi volgeva al termine e si profilavano all'orizzonte le tempeste di Tangentopoli. In ogni angolo, borgo, provincia, la gente protestava contro la corruzione dei politici. Si capivano molte cose, girando a sessanta all'ora, soprattutto in Piemonte, Lombardia, Veneto. La crisi della grande industria, per esempio. Una tappa fu annullata per la protesta della gente di Val Bormida contro l'Acna, che avvelenava l'aria e l'acqua da decenni e licenziava pure gli operai. Il Veneto, che ricordavo da bambino come una specie di paradiso bucolico, era già coperto da una nebulosa di capannoni industriali da Verona a Mestre. A Bergamo vidi per la prima volta, all'arrivo di tappa, gli stendardi con Alberto da Giussano della Lega lombarda. C'era un tipo che si sbracciava su un palchetto come un pazzariello napoletano: Umberto Bossi. Un giorno a Napoli, al rione Sanità, ho trovato il suo gemello, in regolare canottiera, che vendeva babà. A Biella c'era una specie di monumento con miriadi di ex voto al mobiliere Giorgio Aiazzone, morto l'anno prima in un incidente aereo, celebrato da un'indimenticabile veglia funebre sulle sue reti.

Il vero viaggio era tra le parole, i sentimenti, i sogni di un'Italia di provincia dove dilagava una borghesia televisiva nei gusti e nella formazione, ricchissima eppure anonima, senza voce né rappresentanza, e furiosa di esserlo. Il governo De Mita in carica, che per la verità contava più d'un ministro del Nord, era visto come una congrega di notabili meridionali immersi nella "Roma ladrona" – da Antonio Gava a Calogero Mannino, da Emilio Colombo a Remo Gaspari, da Cirino Pomicino a Rino Formica, più le promesse Andreotti e Fanfani. Nessun'altra esperienza politica o giornalistica fu più utile di quel Giro per capire l'epoca a venire, da Mani pulite alla vittoria di Berlusconi. Ancora oggi consiglio a chiunque voglia indagare l'anima del nostro paese – giornalisti, scrittori, politici – un'estate da *suiveur*.

Questo libro è il frutto del terzo viaggio in Italia. Un progetto coltivato da tempo con il direttore di "Repubblica", Ezio Mauro, e rinviato di anno in anno per l'eterna emergenza politica. Dopo le elezioni del 2006 e i primi mesi di governo Prodi, finalmente si parte. Divido l'inchiesta con Alberto Statera. *Chi comanda nelle città* è il titolo, ma il mio interesse, più che alla mappa dei poteri – ormai troppo frammentata –, è rivolto alla mappa dei linguaggi. Ogni vent'anni in Italia cambiano i linguaggi, e con quelli i valori. Come nel '68 e nell'88, l'impressione è che in questi anni l'Italia si trovi alla vigilia di una svolta importante. Una svolta politica, certo. La stagione che abbiamo chiamato Seconda repubblica, vissuta per quindici anni sul duello fra Berlusconi e Prodi, l'Italia dell'uno e quella dell'altro, è alla fine. Le parole, i discorsi, le polemiche infinite che accompagnano il tramonto hanno l'aria dei saldi di fine stagione. Fra pochi anni o pochi mesi, il dibattito che riempie le pagine dei giornali e i notiziari televisivi ci sembrerà archeologia. Qualcosa sta crescendo, avanza nell'aria e non si sa ancora se sia il peggio o il meglio. Non si capisce se alle porte c'è il salto verso la modernizzazione che il paese finora ha evitato, passando da un'illusione di miracolo all'altra. Oppure se incombe un'altra e definitiva restaurazione.

L'Italia percepita

Perché le città? Perché sono le nostre patrie. L'Italia non è mai riuscita a essere per gli italiani quello che Venezia, Genova, Roma, Firenze, Napoli, Palermo, Torino, Milano sono state e sono ancora per veneziani, genovesi, romani, fiorentini, napoletani, palermitani, torinesi, milanesi e per il resto del mondo. L'italiano, diceva Ennio Flaiano, quando si ricorda di essere italiano diventa subito fascista. Oppure non se ne ricorda – accade più spesso –, e allora parla laconicamente del nostro paese, con distacco, scetticismo; diventa banale, e in genere lagnoso. Ma appena lo zoom si restringe al borgo natio, si tratti di Roma o Petralia, si accende la passione, la frase si colora, lo sguardo diventa originale. Il Comune è stato la prima e l'unica nostra vera invenzione politica. Nella dimensione cittadina – dove perfino l'architettura chiama alla partecipazione, con la piazza centrale che armonizza la divisione dei poteri, con il municipio, la curia e il palazzo di giustizia equidistanti –, gli italiani tornano protagonisti e non sudditi. Le elezioni nazionali e i referendum, da cinquant'anni, rispecchiano divisioni ideologiche antiche e immutabili, fotografano gli ordini dei partiti. Soltanto a livello locale si spostano voti e opinioni, nascono nuovi fenomeni, si sperimentano soluzioni. Politica viene da *polis*, dalla città nascono la civiltà, la cittadinanza, la civiltà, il senso civico, i modi urbani.

Siamo un piccolo paese con grandi città, anche per gli stranieri. La stampa estera si occupa dell'Italia soltanto come fenomeno bizzarro, fra il divertente e lo spaventoso. Ma quando i corrispondenti passano a scrivere di Roma, Firenze, Venezia, Milano, Genova, o anche Siena e Perugia, Lecce e Ravenna, allora assumono lo stile serio di chi maneggia la grande storia.

L'agenda dei problemi italiani, vista dalle città, è del resto assai più seria dell'agenda politica imposta ai media dai palazzi romani, scandita dalla pioggia acida di dossier. Le grandi questioni nazionali, quasi espulse dal dibattito pubblico, riaffiorano in ogni angolo d'Italia come problema nazionale. L'ambiente, anzitutto. La colata di cemento ripartita nella stagione dei condoni edilizi rischia di distruggere la bellezza sopravvissuta alle grandi speculazioni dal dopoguerra fino agli anni ottanta. Si costruisce senza regole sulle coste, nei centri storici e nelle periferie, nelle zone sismiche e sui terreni franosi. L'inquinamento è un'altra emergenza largamente sottovalutata. Le nostre belle città, con i loro centri medioevali, sono organismi fragili consegnati all'invasione delle automobili, trasformate in parcheggi a cielo aperto. I livelli di polveri sottili sono fuori controllo nella maggior parte delle metropoli e, secondo l'Oms, l'inquinamento è la causa di un quinto dei decessi nelle popolazioni urbane, un dato da Terzo mondo. Le grandi opere pubbliche, poi, sono rimaste sulle lavagne dei salotti televisivi. L'Italia resta un paese dove l'Appennino è un confine naturale inespugnabile e un percorso da Ancona a Firenze (centosessanta chilometri in linea d'aria) costa cento o duecento euro e dura comunque quattro ore – in aereo, treno o automobile –, quando bastano dieci euro e tre ore per arrivare da Ancona al centro di Londra. Abbiamo più coste dell'India ma stiamo perdendo la grande battaglia dei porti del Mediterraneo, dopo secoli tornato centrale nei traffici internazionali, per l'incapacità d'investire nella modernizzazione dei porti come hanno fatto la Spagna con Barcellona e Valencia e la Francia con Marsiglia.

Ma per quanto a livello locale i cittadini siano più consapevoli dei problemi, vale anche qui la regola non scritta del vivere italiano, per cui si lamentano soltanto i ricchi e i privilegiati. Mi sono accorto che, girando per l'Italia, è impossibile scrivere bene del bene e male del male senza suscitare paradossali proteste.

Guai a scrivere che l'Umbria è una terra felice, come appare ai visitatori di mezzo mondo. Arrivano proteste di perugini che lamentano la disoccupazione giovanile (5 per cento) e denunciano la tragedia del buco in bilancio del Comune (tredici milioni, già ripianato). Oppure descrivono gli scempi delle scale mobili e della tramvia, che giustamente città come Nantes o Bordeaux considerano una salvezza. In compenso, se racconti il fallimento del Comune di Taranto (seicentocinquanta milioni di buco), l'inquinamento dell'Ilva che esala il 10 per cento del biossido di carbonio d'Europa, oppure la disoccupazione giovanile a Messina, o il dominio della 'ndrangheta a Reggio Calabria, i locali si amareggiano: "Ma come? Non ha visto il nostro lungomare, quant'è bello?".

Da vent'anni trionfa una Questione settentrionale in buona parte immaginaria, trampolino di lancio per le fortune politiche di qualche demagogo. Intanto, la Questione meridionale marcisce nella totale indifferenza. Colpisce la verità di un famoso luogo comune, per cui gli italiani conoscono pochissimo l'Italia. I romagnoli sono i migliori clienti delle agenzie di viaggi specializzate nel turismo d'avventura ai quattro angoli del mondo, ma non ne trovi uno che si sia mai avventurato in un viaggio in treno più a sud di Napoli. Convivono all'interno dello stesso paese, a volte nella stessa regione o provincia, mondi più separati dei continenti. Signorie rivali, ciascuna con la sua Università, il porto, l'aeroporto, l'assessorato agli Eventi, il rimpianto di non coniare più moneta e la voglia di mettere una gabella contro il passaggio del vicino confinante. Con un unico punto comune: il diritto a lagnarsi, il *cahier de doléances*, rimane saldamente nelle mani delle classi dirigenti. Gli altri sono ormai troppo depressi per ribellarsi. A Parigi hanno avuto la rivolta della *banlieue*, a Milano il corteo dei borghesi del centro contro le periferie, guidato dal sindaco Moratti. Perché stupirsi se da vent'anni l'uomo più ricco d'Europa è quello che fa più la vittima in Italia?

Fra neoumanesimo e borghesia mafiosa

Le intercettazioni ambientali, al centro di una guerra parlamentare che si trascina da anni e fino agli scambi fra Massimo D'Alema e Giovanni Consorte intorno all'affare Unipol, sono state un prezioso strumento linguistico per capire chi sono e come agiscono le classi dominanti in Italia. Il fatto che personaggi in teoria distanti come l'ex governatore della Banca d'Italia Antonio Fazio e l'impresario Lele Mora, il mancato re Vittorio Emanuele di Savoia e l'ultimo dei "picciotti" usassero nelle loro conversazioni telefoniche la stessa lingua, ha fatto cadere una barriera. La storia della borghesia italiana si è arricchita di un capitolo importante quando i magistrati di Palermo hanno deciso di imbottire di cimici la residenza di un notissimo medico cittadino, il chirurgo Giuseppe Guttadauro, sospettato di mafia. In una giornata nel salotto di casa, nel cuore della Palermo bene, a due passi da via Libertà, andava in scena la doppia vita di un grande borghese di oggi. La mattina il medico riceveva politici, finanzieri, prelati, imprenditori, parlando un italiano colto, cerimonioso. Il pomeriggio, cambio di scena, come a teatro, e nello studio entravano estortori, speculatori, killer. Giuseppe era infatti aiuto di chirurgia all'Ospedale civico ma anche capo mandamento di Brancaccio, il quartiere simbolo della mafia. A nominarlo boss di Brancaccio era stato Totò Riina in persona, che ha sempre avuto il pallino della Sanità. Un giorno Guttadauro manda la moglie Gisella a comprarsi sotto casa l'ennesima Vuitton da duemila euro e fa entrare Mimmo Miceli, un ex allievo, medico al Policlinico ma con l'ambizione di far politica. "Politicamente come siamo messi?" gli chiede. "Bene! Vediamo che succede. Sono stato da Totò ieri sera. Può essere che a Totò gli chiederanno di fare 'u candidatu 'a presidenza della Regione." Guttadauro: "Iddu è, 'u candidatu. Amunì, è inutile che mi vieni a dire... 'U sacciu che è iddu: all'ultimo Miccichè si tirerà fuori e iddu...". Miceli: "Molto dipenderà dalla data delle elezioni". Guttadauro: "Miccichè perde, con Orlando. L'unico che può fottere Orlando è Totò Cuffaro". Poi sospira e aggiunge: "Non è che c'è bisogno dell'arte della penna, vero?". Le cose sono andate come voleva il boss di Brancaccio: Totò Cuffaro, che certo non ha l'"arte della penna", diventerà governatore. Si passerà poi alla scelta del "deputato o senatore adatto". Miccichè, l'uomo di Dell'Utri, dovrà accontentarsi del seggio sicuro in parlamento, di qualche incarico ben remunerato alla Regione (l'ultimo: trovare un nuovo logo) e delle licenze generosamente rilasciate alla moglie per la costruzione di ipermercati.

Le lamentele della nuova mafia sull'ignoranza, la grossolanità e finanche la scarsa levatura morale dei politici sono sempre più ricorrenti negli ultimi anni. Il capomafia Nino Rotolo, in un colloquio con il compare Gaetano Parisi, si indigna per la riprovevole condotta dell'allora ministro Miccichè e del sindaco di Palermo Diego Cammarata: "Ho parlato con un paesano. Cammarata e Miccichè sono fanghi, dice, proprio gentaglia. Sono tutti cocainomani. Cammarata l'altroieri alla Cuba [locale di Palermo, *N.d.A.*] ubriaco che vomita sul tavolo, dice. Gli ho detto: 'Minchia! Il primo cittadino!'. Eh, il primo cittadino è una cosa... sono una cosa schifosa. Ma la gente ne ha le tasche piene. Si sono fatti solo gli affari loro, non hanno pensato per nessuno: soldi, posti, soldi...".

Le ultime generazioni mafiose hanno studiato: molti sono laureati, hanno viaggiato, parlano tre o quattro lingue. "Si mischiano con la borghesia," dicono magistrati e poliziotti, ma non è proprio così. *Sono* la borghesia. Non è questione di Palermo o della Sicilia o delle regioni del Sud in mano a 'ndrangheta o camorra. La borghesia mafiosa ormai si incontra in ogni città d'Italia, da Aosta a Perugia, da Verona a Roma. Notabili d'ogni tipo, industriali, banchieri, avvocati o commercianti, politici e uomini delle istituzioni, piccolo-borghesi che in questi anni hanno varcato la soglia fra legalità e illegalità, magari all'inizio in buona fede, "per fare il bene della famiglia", come dicono i padrini. Attratti dall'immensa disponibilità di denaro criminale (almeno cento miliardi di euro all'anno) ma poi dalla stessa cultura mafiosa che fornisce sicurezza e identità. Professionisti che vivono una doppia vita fra visibilità sociale e segrete appartenenze. Ormai ragionano, operano, vestono, si divertono come i mafiosi e non se ne rendono conto. Considerano la mafia un problema lontano dalle loro vite, roba del Meridione. Sono piuttosto angosciati dalla microcriminalità, dai furti in casa, dalle bande di stranieri, e vivono in ville-bunker sul modello di quella di Scarface. Quella che un tempo era la borghesia mafiosa palermitana oggi è diventata un pezzo di borghesia nazionale, una vera casta parassitaria. La festa della nomenklatura nazionale per la fine del processo Andreotti, riconosciuto colluso fino all'80 eppure celebrato come un martire, riecheggia in scala uno a cento il trionfo palermitano tributato al primo imputato eccellente di mafia, l'onorevole Raffaele Palizzolo, "perseguitato da giudici socialisti".

Accanto a questa borghesia, in ogni città italiana ne è cresciuta negli ultimi anni un'altra, una borghesia europea, portatrice di un neoumanesimo, di una voglia d'innovazione, di uno spirito laico e di altri valori finora relegati nella nostra storia a infime minoranze. Geniali imprenditori che si inventano aziende capaci di competere ai massimi livelli nel mercato globale, uomini delle professioni ormai abituati a ragionare da europei, operai specializzati e informatori, insegnanti e studenti creativi. Quello che Paul Ginsborg chiama "ceto medio riflessivo", protagonista di molte battaglie civili negli anni del berlusconismo. Ma non necessariamente "di sinistra", e certo non ben rappresentato nell'azione politica concreta del centrosinistra. È una borghesia che avrebbe bisogno, come gli italiani all'estero, di rappresentanti degli "stranieri in patria". Chiede legalità, non solo per gli immigrati, trasparenza, meritocrazia, innovazione, opportunità. È più presente al Centro e al Nord, ma è cresciuta anche al Sud, in Puglia, Campania, Sicilia. Perfino nella durissima realtà della Calabria resistono figure come quella di Filippo Callipo, industriale del tonno, titolare di un'azienda modello e strenuo combattente della lotta ai racket.

Il divorzio consumato e lo scontro in atto fra queste due Italie sono assai più, e più decisivi, del bipolarismo politico. È un conflitto profondo e non più mediato dai grandi partiti di massa della Prima repubblica – Dc, Pci, Psi. Il prevalere dell'una o dell'altra determinerà il futuro del paese nei prossimi decenni, al bivio fra declino sudamericano e rinascita culturale e produttiva.

Se questa inchiesta servisse a segnalare almeno questa emergenza sociale, a ritagliarle un piccolo spazio d'attenzione nel frastuono del gossip politico, tanta strada fatta non sarebbe stata inutile.

Si parte da Palermo e si sbarca a Quarto, un piccolo omaggio al dimenticatissimo bicentenario della nascita di Garibaldi.
Dal Sud al Nord.
Alla ricerca di un Paese.

ottobre 2007   *C.M.*

Palermo fantasma

> I miei guai derivano dal fatto che purtroppo io, essendo mafioso... essendo mafioso... essendo siciliano...
> MARCELLO DELL'UTRI, in *Moby Dick*, 11 marzo 1999

> Alla domanda se esiste la mafia rispondo con le parole di Luciano Liggio. Se esiste l'antimafia, significa che esiste anche la mafia.
> MARCELLO DELL'UTRI, *ibidem*

La cosa migliore da fare a Palermo è dimenticare. Vivere da turista o da emigrante di testa, straniero in patria, come fanno ormai molti palermitani onesti e intelligenti. Godersi i contrasti di una città meravigliosa con i tempi di un viaggiatore esotico, fermarsi una giornata nello splendore di piazza Marina, il luogo più dolce e simbolico della città, con il palazzo dell'Inquisizione, lo Steri, magnificamente restaurato e le magnolie secolari, grandi che paiono palazzi, le radici dappertutto che si inabissano, risorgono, si proiettano al cielo e ridiscendono di colpo, come la storia della Sicilia. Immergersi nella Palermo barocca, nella città normanna e in quella liberty, o in quel che ne resta. Figurarsi, a partire dalle due o tre ville liberty risparmiate dal tritolo della mafia, come poteva essere un tempo via Libertà. Abbandonarsi al piacere, in una città di gioventù bellissima, di colori accesi, di mercati ancora esplosivi di sapori e odori come Ballarò, di ristoranti indimenticabili e di vini ormai fra i migliori del mondo, e chiudere la gita partendo dalla spiaggia di Mondello, l'antico villaggio di pescatori, per la campagna dai profumi stordenti, fino alle vigne dei Planeta, un angolo d'Italia da paradiso terrestre. "Si sbrighi a goderla Palermo, prima che la distruggano del tutto," raccomanda l'editore e fotografo Enzo Sellerio. "La Vucciria è morta, e guardi come stanno rovinando la Zisa, un orripilante parco marmoreo, o i palazzi normanni, o Monreale." Questo bisognerebbe fare a Palermo, ad averne la saggezza, e fottersene di mafia e politica. Ma non ci si riesce mai. Perché quelli ti afferrano e ti trascinano a fondo.

Nelle strade di Palermo ogni uomo che cammina ha accanto un fantasma. Non esiste via, piazza, monumento, negozio, cortile che non abbia un ricordo di sangue versato, di un fatto di cronaca, di una violenza. Si parla con i morti come le vecchine al cimitero, ci si discute e litiga come fossero cristiani presenti. E loro rispondono. Ogni giorno Falcone e Borsellino intervengono nel dibattito su mafia e antimafia, ogni giorno Sciascia scrive e polemizza con i contemporanei, a ogni ora a palazzo di giustizia e nelle caserme i procuratori e i poliziotti di oggi ragionano con quelli di ieri, nei palazzi del potere i politici trattano con i predecessori, i mafiosi si scontrano con i fantasmi di defunti, ergastolani, latitanti, e nessuno, vivi e morti, riposa mai in pace.

Fra tutti i fantasmi che circolano a Palermo, ho scelto di farmi raccontare la storia della città e i suoi cambiamenti da uno che conosco e che forse è il più grande, almeno negli ultimi decenni: il senatore Marcello Dell'Utri, fondatore di Forza Italia. Che sia lui e non Berlusconi il vero padre di Forza Italia, l'ho capito dall'autunno del 1993, prima ancora della famosa "discesa in campo": l'ho capito perché l'ho visto. Nella sede appena intonacata di viale Isonzo, periferia sud-est di Milano, c'erano gli operai al lavoro, Gianni Pilo che saltava da una stanza all'altra con in mano i risultati dei sondaggi, le belle ragazze del ricevimento lucide di lampada abbronzante, i vigilantes formato lottatori di wrestling. Ogni tanto arrivava Silvio Berlusconi a eccitare le truppe con la promessa napoleonica del bastone di maresciallo nello zaino dei soldati. Ma il padrone di casa era un altro, un signore piccolo e gentile, vestito di grigio, gli occhiali d'oro, un intenso odore di colonia: Marcello Dell'Utri era ovunque e decideva tutto, sceglieva operai e signorine e candidati, le domande dei sondaggi e dei provini, radunava gli agenti di Publitalia e di Programma Italia e affidava le missioni. Sei mesi dopo lo vidi alla testa del plotone di berluscones che prendevano possesso di Montecitorio e Palazzo Madama, dell'Italia intera.

Dell'Utri Marcello nasce l'11 settembre 1941 e cresce in una Palermo dove la mafia è la naturale espressione della classe dominante. È un bambino il giorno della strage di Portella della Ginestra ma è un ragazzo nell'ottobre del 1957, quando si svolge all'Hotel delle Palme, in pieno centro, il celebre vertice mafioso italoamericano con da una parte Lucky Luciano, Joseph Bonanno e Carmine Galante in rappresentanza delle famiglie newyorkesi e dall'altra Salvatore Greco, Genco Russo e Vito La Barbera per i siciliani. Può capire, insieme alla sua città, che la mafia è tornata padrona, con l'appoggio dello stato italiano e dell'alleato americano, grato ai boss per l'aiuto dato allo sbarco in Sicilia e alla lotta ai "rossi".

La mafia è la normalità da sempre. La sua storia è circolare. Lo spiega bene il grande storico Salvatore Lupo, con il paragone fra la storia universale e quella di Ciaculli, borgo contadino di Palermo. Dal 1789 al 1970 quante cose sono successe? La Rivoluzione francese, russa, cinese, due Guerre mondiali, l'apogeo e il crollo degli imperi coloniali, il fascismo, il nazismo, l'Olocausto, la Guerra fredda, il boom e lo sbarco sulla Luna: "In tutto questo periodo," scrive Lupo, "a Ciaculli ha sempre comandato uno che si chiamava Greco". Così, la prima relazione della Commissione parlamentare antimafia, costituita all'alba del Regno d'Italia e presieduta dall'onorevole Bonfadini, dà l'impronta reticente e ipocrita a tutte le successive. In risposta arriva la prima inchiesta giornalistica, di Franchetti e Sonnino, che nel 1874 giunge alle stesse conclusioni di sempre, di oggi, nel rapporto fra stato e mafia: la mafia si regge sulla politica, soltanto l'intervento deciso del governo di Roma può debellarla. Ma un governo, di destra o di sinistra, che si cimentasse nella lotta finale firmerebbe la propria caduta, perché i voti siciliani sono decisivi per tenere in piedi qualsiasi maggioranza parlamentare. Sarà così ai tempi del Regno e poi nel dopoguerra, con la Prima e la Seconda repubblica.

Il primo delitto eccellente, l'assassinio del marchese Notarbartolo – narrato nel bel romanzo *Il cigno* di Sebastiano Vassalli (Einaudi, 1993) –, li contiene tutti e illustra il "pendolo" dell'antimafia. Lo scempio di Notarbartolo, eroe garibaldino e galantuomo chiamato a risanare il Banco di Sicilia, provoca una ciclopica reazione nell'opinione pubblica. Si arriva ai processi e vengono condannati il sicario, il mafioso Piddu, e il mandante, l'onorevole crispino Raffaele Palizzolo. Ma quando, attraverso i legami del deputato, si comincia a risalire al "terzo livello", alle responsabilità dei governi, da Crispi a Giolitti, il mare si richiude. "Non si può scrivere la storia nelle aule di giustizia." In appello Palizzolo, per quanto organico alla mafia, viene assolto per insufficienza di prove ed è accolto come un trionfatore da tutta la cittadinanza di Palermo: baroni, vescovi e borghesi in testa, ma anche popolino, in "una festa più partecipata di Santa Rosalia". Celebrato come eroe e martire di "giudici socialisti", benedetto dalle autorità ecclesiastiche e invitato perfino in America a tenere conferenze. Come vedremo, è il destino di ogni processo "politico" di mafia, fino al caso Andreotti.

Nella Palermo del dopoguerra la mafia è opportunità. È lo strumento per mantenere lo status quo ma anche l'unica possibilità per un giovane ambizioso e spregiudicato di far carriera e sfuggire al vero incubo del siciliano, l'anatema dell'invisibilità. Racchiuso nel peggiore degli insulti: "Tu sì nuddu 'mmiscatu cu nenti". Nessuno mischiato con niente. Al centesimo interrogatorio, il pentito Francesco Marino Mannoia perse la pazienza davanti alla pignoleria dei suoi giudici: "Voi però dovete prima capire perché uno si fa mafioso. Non sono soltanto i soldi. Io mi sono fatto mafioso perché prima ero nuddu 'mmiscatu cu nenti e poi invece mi rispettavano ovunque andassi".

Il giovane Marcello Dell'Utri ambizioso e spregiudicato lo è di sicuro. A ventisei anni ha già intrecciato relazioni con gli ambienti che ne benediranno l'irresistibile ascesa. Ha conosciuto alla facoltà di Legge della Statale di Milano un altro giovane ambiziosissimo, Silvio Berlusconi. Nel '66 è a Roma, dove organizza un centro sportivo per l'Opus Dei. Nel '67 torna a Palermo, dove è allenatore e direttore sportivo della società di calcio Bacigalupo, e conosce lì, dice, i boss Vittorio Mangano e Gaetano Cinà, quest'ultimo "amico di una vita" e parente di Stefano Bontate. È un pezzo di bel mondo cittadino, la Bacigalupo: accanto ai mafiosi, giocano i figli dell'onorevole Vizzini, del ministro Restivo e del principe Lanza di Scalea, il futuro deputato La Loggia, e c'era anche Piero Grasso, oggi capo della Superprocura antimafia. "Era famoso perché, anche quando c'era fango, non si schizzava mai," ricorda Dell'Utri.

Gli amici di Dell'Utri all'epoca scherzano sul fatto che il vero gemello di Marcello non sia il fratello Alberto, ma proprio il giovane Bontate, figlio del boss Paolino. Stessa eleganza, stesso stordente profumo di colonia, identiche manie aristocratiche (Bontate si fa chiamare "principe di Villagrazia"), una notevole somiglianza nei tratti e nei gesti. Stefano Bontate è a quel tempo, insieme a Salvatore Inzerillo, il padrone della città. Sono i giorni di un nuovo "sacco" della città. Ogni notte in via Libertà salta per aria una villa liberty e ogni mattina il sindaco Salvo Lima e l'assessore ai Lavori pubblici Vito Ciancimino firmano una licenza per costruire. È la Palermo che "volta le spalle al mare" e si popola di orrori architettonici. Più famelici ancora dei mafiosi sono i nobili palermitani, i quali, secondo il primo rapporto dell'antimafia, lamentano con Lima e Ciancimino il "troppo poco cemento". Bontate e Inzerillo controllano il traffico di eroina verso l'America, prodotta nelle raffinerie nascoste nelle campagne di Punta Raisi, pronta all'imbarco. Alla morte di Stefano Bontate, ucciso dai kalashnikov dei corleonesi a Villagrazia il giorno del suo quarantaduesimo compleanno – il 23 aprile 1981 –, il suo patrimonio è stimato in mille miliardi. Ancora oggi, nessuno sa dove sia finito l'immenso tesoro.

Grazie agli amici e alla vivace intelligenza, Dell'Utri fa carriera in banca e nel '73 diventa direttore generale della Sicilcassa di Palermo. L'anno dopo, in primavera, torna a Milano, chiamato da Silvio Berlusconi. L'imprenditore ha ricevuto minacce di rapimento per sé e per i figli, ma invece di correre dai carabinieri telefona al vecchio amico palermitano. Dell'Utri porta con sé ad Arcore un giovane mafioso di Porta Nuova, Vittorio Mangano, quello che la stampa chiamerà "lo stalliere". Anch'io lo chiamavo così, ma un giorno Attilio Bolzoni, grande inviato di "Repubblica", si è messo a ridere: "Io Mangano l'ho conosciuto al palazzo di giustizia di Palermo, dove ormai faceva parte dell'arredamento. Un elegantone, alto, distinto, con le scarpe fatte a mano, il cappotto cammello di cachemire, gli occhiali di tartaruga, la pochette di seta intonata alla cravatta e alle calze. Stallieri siamo tu e io".

L'assunzione di Dell'Utri e Mangano ad Arcore viene suggellata, secondo le testimonianze dei pentiti Francesco Di Carlo e Nino Giuffrè, da una serie di incontri a Milano fra Berlusconi e i capi di Cosa nostra Stefano Bontate e Mimmo Teresi (l'assassino del giornalista Mauro De Mauro). Nel primo, autunno '74, Berlusconi e Bontate si vedono nella sede Edilnord di foro Bonaparte alla presenza di Dell'Utri, di Mimmo Teresi, dello stesso Di Carlo, e si scambiano reciproca disponibilità. Bontate, affascinato dal trentottenne costruttore, lo invita a investire a Palermo e gli assicura che "può stare tranquillo" per la faccenda dei sequestri, "e poi ci ha un Marcello, per qualsiasi cosa. Marcello è molto vicino a noialtri". Altri pentiti, fra i quali il finanziere Filippo Alberto Rapisarda, socio e datore di lavoro di Dell'Utri, sostengono che Bontate abbia poi investito direttamente decine di miliardi nelle reti Fininvest, ma l'accusa non è provata. Neppure smentita, per la verità. Quando nel 2002 i magistrati chiedono ragione al Cavaliere della marea di soldi – oltre centodieci miliardi di lire – che dal '75 all'83 confluiscono nel suo gruppo attraverso le misteriose finanziarie che compongono la Fininvest (Holding Italiana 1, Holding Italiana 2 e così via fino al numero 34), Berlusconi si avvale della facoltà di non rispondere.

Comincia per Marcello Dell'Utri il "costante e trentennale rapporto di mediazione" fra la mafia e il gruppo Berlusconi, com'è scritto nella sentenza di condanna a nove anni emessa dal Tribunale di Palermo per concorso esterno in associazione mafiosa sulla base dell'inchiesta condotta per anni dal pm Antonio Ingroia. Una delle tre condanne del pregiudicato Dell'Utri, ritenuto colpevole anche per le false fatturazioni di Publitalia dai giudici di Torino (condanna definitiva a due anni), e per tentata estorsione ai danni dell'imprenditore trapanese Vincenzo Garraffa, in complicità con il capofamiglia trapanese Vincenzo Virga, dai giudici di Milano (condanna a due anni in appello). Ma qui la storia giudiziaria interessa fino a un certo punto.

La questione mai chiarita dalle indagini è quale sia stato, in trent'anni, il reale rapporto fra Dell'Utri e Berlusconi: chi comanda, chi ubbidisce. Senza scomodare la celebre pagina hegeliana sulla dialettica servo-padrone, è certo che per trent'anni è sempre Berlusconi a chiedere aiuto e consiglio a Dell'Utri. La prima volta nel '74 e poi nell'83, quando riassume un Dell'Utri reduce da una bancarotta fraudolenta (della Bresciano Costruzioni, alle dipendenze di Rapisarda) e lo colloca a capo del motore del suo impero, Publitalia. Poi nel '90, quando manda Dell'Utri a Catania dopo gli attentati mafiosi alla Standa e le bombe subito tacciono. Infine, nel '92, nella piena di Tangentopoli che si porta via gli amici politici, a cominciare da Bettino Craxi. Soltanto una volta è Dell'Utri ad aver bisogno di Berlusconi, durante il processo per i fondi neri Fininvest a Torino. Berlusconi è presidente del Consiglio ed evita di rispondere a qualsiasi chiamata nelle aule di giustizia. Durante il processo, Dell'Utri a un certo punto interrompe il giudice: "Ha provato a chiamare a testimoniare il dottor Berlusconi?". "Certo. Ma chi lo convince, lei?" "Non c'è bisogno di convincerlo, stavolta verrà." Quella volta infatti Berlusconi si precipita dai giudici e tiene un'apologia di Dell'Utri al cui confronto il discorso di Antonio sulle ceneri di Cesare gronda spirito critico: ne esalta due o tre volte le "alte qualità morali e religiose", arriva a paragonarlo a George Washington. Chi è il servo, chi è il padrone?

Dalla metà degli anni settanta Dell'Utri si tiene lontano per un ventennio da una Palermo sconvolta dalla sanguinaria ascesa dei corleonesi. Settanta pecorai venuti dal quadrilatero composto da Corleone, Piana degli Albanesi, San Giuseppe Jato e Prizzi, prima agli ordini di Luciano Liggio e poi dei suoi luogotenenti Totò Riina e Bernardo Provenzano, in tre anni – dall'81 all'83 – si prendono la città con un massacro senza precedenti. Parlare di guerra di mafia è improprio. Da una parte ci sono mille e cinquecento morti e dall'altra nemmeno un ferito. Stefano Bontate, il "vero gemello", è fra i primi a cadere, seguito da Mimmo Teresi, l'altro boss dell'incontro con Berlusconi raccontato dai pentiti; poi viene spazzata via l'intera aristocrazia mafiosa che comandava da decenni per diritto ereditario, imparentata con gli americani – gli Inzerillo, i Gambino, i Di Maggio. I punti più suggestivi e simbolici della città, da piazza Politeama al Giardino Inglese, da via Libertà a via Cavour, da Mondello a Monreale, i parchi, i bar, i ristoranti, le sedi dei giornali e dei partiti, il palazzo di giustizia, tutti diventano luoghi di sangue e memoria, teatri di omicidi eccellenti: il giornalista Mario Francese, il capo della mobile Boris Giuliano, il segretario della Dc cittadina Michele Reina e il giudice Cesare Terranova, il governatore della Regione Piersanti Mattarella, i capitani dei carabinieri Emanuele Basile e Mario D'Aleo, il segretario regionale comunista Pio La Torre, il generale Carlo Alberto Dalla Chiesa, il capo dell'Ufficio istruzione Rocco Chinnici. Nel 1984 Totò Riina è l'incontrastato dittatore della nuova mafia.

Marcello Dell'Utri è tornato da Berlusconi, ai vertici del gruppo. Scomparsi gli antichi referenti, tiene i contatti con gli ambienti palermitani attraverso i fratelli Pullarà, Giovan Battista e Ignazio, traslocati dalla mafia perdente ai corleonesi. I due tengono nascosti per un po' questi legami a Totò Riina, che quando lo scopre si infuria, li destituisce e affida i rapporti con la Fininvest all'affiliato Pippo Di Napoli e al vecchio amico di Dell'Utri, Gaetano Cinà. Il pentito Salvatore Cancemi racconta: "Ogni anno Dell'Utri mandava duecento milioni a Cinà, che li consegnava a Riina". Il vero obiettivo del boss dei boss non è però l'estorsione, vogliono usare Berlusconi per arrivare a Bettino Craxi. Nelle elezioni dell'87 Riina ordinerà a Cosa nostra di scaricare la Dc (che non ha saputo ostacolare a dovere il maxiprocesso a Cosa nostra, istruito dai pool di Falcone e Borsellino in base alle confessioni di Tommaso Buscetta) e di "blindare" i voti sui socialisti. La famosa "onda lunga" di Craxi parte dalle coste siciliane.

Nel frattempo è sorta dalle stragi, dalle voci dei fantasmi sempre presenti, la più straordinaria, partecipata, commovente reazione alla mafia di una storia secolare, la "primavera di Palermo". Due uomini, il sindaco Leoluca Orlando e il giudice Giovanni Falcone, si sono messi in testa di trasformare la città. La storia è abbastanza nota per non doverla ripercorrere, ma c'è un piccolo episodio dimenticato da tutti, tranne che da Orlando. Nel '90 Orlando esce con un libro su Palermo che diventa un best seller, vende centocinquantamila copie in Italia in pochi mesi ed è tradotto in sei lingue. L'anno successivo la Mondadori decide di inserirlo nella collana economica degli Oscar. Nelle stesse settimane il controllo della casa editrice, con l'annullamento del famoso Lodo Mondadori – frutto della corruzione di un giudice da parte di Cesare Previti con denaro della Fininvest –, passa al gruppo Berlusconi. Subito dopo, decine di migliaia di copie già stampate del libro di Leoluca Orlando vengono distrutte e bruciate nei magazzini: l'Oscar non arriverà mai nelle librerie e Orlando non verrà più pubblicato in Italia. Continuerà a scrivere libri di successo in tedesco, sua seconda lingua ("Dopo il siciliano, s'intende," precisa lui), e in inglese. Ma perché nel '91 la Mondadori di Berlusconi ha preso questo provvedimento? Una nuova strategia editoriale?

Il nodo dei rapporti Berlusconi-mafia, e soprattutto dei misteri recenti del paese, sta nel biennio 1992-1993. La tesi, o se si preferisce il teorema, dei magistrati è che la nascita di Forza Italia sia totalmente frutto della strategia mafiosa di creare ex novo un referente politico al posto del sistema in disfacimento, quasi sepolto dalle macerie del Muro di Berlino e di Tangentopoli. Il terreno è minato e occorre muoversi sulle certezze. È certo che la mafia, come spiegano mille segnali e testimonianze di pentiti, ha capito prima di qualsiasi altro attore della vita pubblica italiana l'inevitabilità del crollo della Prima repubblica. Perfino prima delle inchieste di Mani pulite. Con l'assassinio di Salvo Lima (marzo 1992), da trent'anni il viceré di Andreotti in Sicilia, la mafia segnala che la stessa Democrazia cristiana è ormai un cadavere.

Sempre nella primavera del '92, altro fatto certo, prima delle stragi di Capaci e via D'Amelio: Marcello Dell'Utri assume come consulente il democristiano Ezio Cartotto e gli affida lo studio di un nuovo soggetto politico – il progetto Botticelli – un anno prima delle famose riunioni di Arcore sull'ipotesi di Forza Italia.

Dell'Utri, e non Berlusconi, è il primo ideatore del partito e sarà a lungo anche l'unico sostenitore, con Cesare Previti, durante i vertici in villa. Contrari sono tutti gli altri, da Fedele Confalonieri a Gianni Letta, da Maurizio Costanzo a Enrico Mentana. Berlusconi è tutt'altro che convinto, sembra tenere in maggior considerazione i suggerimenti dei tradizionali consiglieri politici del gruppo ed esperti di salotti romani, Letta e Confalonieri, e prende contatti con Mario Segni. Fedele Confalonieri mi rilascia un'intervista su "La Stampa" nella quale giura: "Il gruppo non farà mai un partito, Berlusconi dovrebbe vendere le sue televisioni e, ancora prima, passare sul mio cadavere". Poi ricominciano le stragi in continente, una novità nella storia della mafia. La prima bomba, in via Fauro, "avverte" Maurizio Costanzo. Seguono gli attentati di via Georgofili a Firenze, al Pac di Milano, alle basiliche del Velabro e del Laterano a Roma. Tutto fra maggio e luglio del 1993. È un altro, italianissimo romanzo delle stragi, del quale si può ripetere quel che scriveva Pasolini: "Io so chi sono i responsabili delle stragi... Io so perché sono un intellettuale, uno scrittore. Ma non ho le prove". Nel "gran Gotha del nulla" romano, come lo chiama nel suo ultimo romanzo Giancarlo De Cataldo, intanto si agitano presenze spettrali, spioni e faccendieri, industriali e uomini d'onore, impegnati in frenetiche trattative intorno al "papello", la bozza di un nuovo patto fra mafia e politica.

Una domenica di fine ottobre del 1993 è fissata l'ultima strage, la più spaventosa. Ma si inceppa il telecomando della Lancia Thema imbottita di tritolo piazzata davanti all'uscita centrale dello stadio Olimpico. I morti, dicono gli inquirenti, sarebbero stati centinaia: quasi tutti carabinieri reduci dal servizio d'ordine allo stadio. Nei giorni seguenti Berlusconi annuncia un "passo storico" e di lì a poco invade le televisioni con il messaggio della "discesa in campo". Il pentito Antonino Giuffrè, la cui attendibilità è "fuori discussione" per il Tribunale di Palermo, racconta che Bernardo Provenzano comunica ai padrini e ai picciotti: "l'accordo è stato trovato, siamo in buone mani" e ordina a tutti di sponsorizzare Forza Italia alle elezioni. Cosa nostra accantona per sempre il progetto di un partito tutto suo – Sicilia Libera, una sorta di Lega Sud fondata mesi prima dai boss Brusca, Bagarella e Cannella – e si butta su Forza Italia. Alle elezioni del marzo '94, precedute da vari incontri fra Dell'Utri e Vittorio Mangano – ormai pluricondannato e riconosciuto capo mandamento di Porta Nuova –, Forza Italia vince e la destra va al potere grazie anche ai collegi siciliani. Non sarà il cappotto del 2001, con sessantun collegi su sessantuno, ma sono pur sempre cinquantasette: bastano e avanzano per mandare Silvio Berlusconi a Palazzo Chigi. Compiuto il capolavoro,

Dell'Utri fa un passo indietro e non si candida. Sarà costretto a farlo più tardi e nel '99, secondo le intercettazioni, Cosa nostra lo sostiene alle elezioni europee per fargli ottenere un'altra immunità parlamentare e "impedire a quei cornuti [i magistrati di Palermo, *N.d.A.*] di fotterlo".

I magistrati sostengono che con l'avvento di Forza Italia "la mafia si fa stato". Non è più l'intermediazione con la politica romana, ma rappresentanza diretta. Chi conosce bene la storia della nascita di Forza Italia sa che ci sono stati altri e importanti motivi a decidere la "discesa in campo". Materiali, come le difficoltà finanziarie del gruppo e la paura delle inchieste giudiziarie. Ideologici e politici, come l'anticomunismo viscerale di Berlusconi e la spinta dei consigli di Bettino Craxi. Infine personali, da ricercarsi nell'ego arroventato del padrone di Arcore. Ma non si può escludere che la scintilla decisiva sia arrivata da Palermo. Di sicuro c'è che nell'egemonia culturale esercitata dal berlusconismo in tutti questi anni, attraverso i media, vi sono tratti inspiegabili se non con l'estensione a livello nazionale della cultura mafiosa. Sono mafiose la violenza verbale come sublimazione della violenza fisica; la tecnica dell'avvertimento, della minaccia allusiva e della diffamazione dei nemici; l'ossessione dell'anticomunismo in morte del comunismo, alibi comunque buono per giustificare gli affari più sporchi in nome della difesa dell'Occidente minacciato. La stessa ossessiva campagna contro i magistrati, gli attacchi continui alla Costituzione e alla cultura della legalità, in nome di un garantismo da opportunisti, che ha fra gli obiettivi principali, guarda caso, la museruola all'indipendenza della magistratura, l'abolizione delle leggi sul pentimento, del

41 bis e del reato di concorso esterno in associazione mafiosa. Lo capirà per primo Tommaso Buscetta, il più grande dei pentiti, quando prima di morire convocherà Saverio Lodato per dettargli la sua intervista-testamento e ne sceglierà il titolo: *La mafia ha vinto*.

Marcello Dell'Utri non è soltanto il fondatore del primo partito italiano, ne è l'ideologo principale, è il mecenate degli intellettuali vicini al partito-azienda, quello che tiene i cordoni della borsa dalla quale dipendono i giornalisti, gli scrittori, i cantori del nuovo corso. La sua capacità di tessere relazioni, usare ogni strumento – dai circoli alle sezioni, dalla fiction ai teatri – per influenzare la cultura del paese e spingerla verso una "pacifica convivenza" con la mafia – per usare la spudorata formula dell'ex ministro Lunardi – è straordinaria. Neppure negli anni peggiori dei "ministri della malavita" era stato sperimentato un così diretto assalto ai princìpi legalitari. Formalmente anche la Dc andreottiana era "antimafia", com'era "antifascista". La nuova stagione si proclama apertamente "a-fascista" e "a-mafiosa". Non mancano le finezze concettuali. L'inedito professionismo dell'anti-antimafia rivendica per esempio una nobile paternità in Leonardo Sciascia. L'unico fra i grandi scrittori siciliani che avesse mai osato sfidare la mafia, in fondo a una tradizione di indifferenza, da Capuana a Verga, Pirandello, Vittorini, Brancati, Tomasi di Lampedusa, Quasimodo. Purtroppo Sciascia era caduto in tarda età, per vezzo anticonformista o narcisismo aristocratico o va' a sapere, nel tragico equivoco della polemica contro il "professionismo dell'antimafia": il celeberrimo titolo del suo articolo sul "Corriere", peraltro rinnegato dallo stesso Sciascia, prima di morire. Non c'è stata formula più citata e strumentalizzata in questi anni. Ma non una volta si sono ricordati, accanto alla formula, gli obiettivi in carne e ossa di quel maledetto articolo, additati con nome e cognome dall'autore come esempi infami di "carrierismo", "opportunismo", "calcolo": Paolo Borsellino e, indirettamente, Giovanni Falcone, oltre al sindaco Orlando.

Che cosa è diventata la cultura della legalità in Italia negli anni dell'egemonia berlusconiana? La prova della "mafia che si fa stato" sta nel paragone fra il processo Palizzolo degli inizi del Novecento e il processo Andreotti. Come il piccolo deputato Palizzolo, il grande statista Andreotti, sette volte presidente del Consiglio, è stato giudicato – in appello e in Cassazione – colpevole di associazione per delinquere con la mafia del dopoguerra fino al 1980, ma salvato dalla prescrizione (reato "commesso" ma prescritto). Come il piccolo "Cigno", il grande "Divo Giulio" è accolto e festeggiato come un martire e un eroe da una comunità che non ha alcuna voglia di fare i conti con se stessa. Ma un secolo dopo, ad autoassolversi nella festa per l'ex mafioso non è soltanto la Palermo ottocentesca dei notabili, della borghesia e della nobiltà mafiose, fra lo sconcerto del "Corriere" e della "Stampa" e perfino del "Giornale di Sicilia", lo sdegno di tutti gli intellettuali, l'indignazione dei sindacati, la protesta dei socialisti in parlamento. Ad acclamare Giulio Andreotti, nello sconcerto ora del resto del mondo, è l'Italia intera, da Milano a Sciacca, da Torino a Reggio Calabria, tutti i giornali e i giubilanti salotti televisivi, l'intero quadro politico, da destra a sinistra.

La Palermo dei nostri giorni è l'unica città d'Italia dove questo messaggio è stato compreso fino in fondo. È una città in cui, per dirla con Tommaso Buscetta, "la mafia ha compiuto il miracolo di rendersi invisibile senza sparire". Il procuratore aggiunto antimafia Roberto Scarpinato, non soltanto un bravo magistrato ma un acuto intellettuale, sostiene che Palermo sta diventando un modello per la nazione: "Esistono due modelli, per la verità, Napoli e Palermo. Napoli è il modello favelas, fondato sul disordine. Il 90 per cento delle ricchezze sta nelle mani del 10 per cento. Questa classe dominante vive nelle sue roccaforti e lascia che nel territorio si muovano le bande camorristiche. Il discorso è, grosso modo: poiché non posso garantirti nulla, né benessere né lavoro, a Scampia sei libero di fare quello che vuoi. I quartieri sono discariche sociali dove non si controllano più i rifiuti. Il modello Palermo è invece fondato sull'ordine. È il modello Ucciardone. Negli anni ottanta era il carcere più tranquillo d'Italia perché la direzione aveva affidato l'ordine ai mafiosi. A Palermo è la classe dominante a gestire la violenza, attraverso il braccio militare. Qui nessuno fa come gli pare, la divisione del lavoro è ferrea. La borghesia mafiosa fa affari e le cosche controllano il territorio. La disuguaglianza sociale non è motivo di conflitto, come a Napoli, ma serenamente accettata come dato naturale. In via Libertà si vendono le Vuitton a duemila euro, al quartiere Zen si muore di fame. Ma l'unica aspirazione sociale è farsi mafioso e poter un giorno vivere come i ricchi. Tutto ha una logica, perversa ma pur sempre una logica. A Napoli la metà degli assassinii avviene per sbaglio, a Palermo ogni attentato è una mossa di scacchi, studiata a lungo, dopo aver valutato tutte le possibili contromosse".

Nel caos italiano d'inizio millennio, il "modello Palermo" è in fondo una soluzione. Per molti problemi. Palermo è l'unica città d'Italia dove l'economia è davvero globalizzata e la mafia l'unica attività economica cresciuta con la globalizzazione. Non è accaduto con l'industria, le banche, le comunicazioni. In città sono perfino tornate a investire le famiglie americane, in testa i Gambino. Si tratta certo di accettare una globalizzazione da Colombia, da capitali sporchi. Ma una delle leggi di maggior successo e consenso del governo Berlusconi non è stata forse quella sul rientro dei capitali all'estero, che ha permesso il riciclaggio legale (e anonimo) di ottanta miliardi di euro? Il modello Ucciardone rappresenta una soluzione alla prima paura sociale degli italiani, la microcriminalità. A Corleone, negli ultimi ventisette anni, non si è registrato un solo furto negli appartamenti. Il modello Palermo significa anche forte impronta identitaria, dunque consenso e pace sociale, garantiti con la minaccia e l'uso della violenza. Ma cos'altro è stata, in cinquant'anni, la strategia della tensione e delle stragi di stato?

Nelle strade di Palermo c'è sempre da sconfiggere, è vero, il fantasma dell'antimafia. Più forte di quanto si pensi, nelle istituzioni e nella coscienza delle persone, dei palermitani stessi. Nel girare l'Italia, Palermo è paradossalmente l'unico luogo dove sembra di incontrare e toccare con mano il "senso dello stato". Altrove è retorica. Questa è una città seria, perché la morte ti fa serio. Giovanni Falcone, che conosceva bene la sua gente, girava con quella scorta impotente per via Maqueda o via Libertà, a sirene spiegate, perché i concittadini vedessero la potenza dello stato. I suoi killer per questo l'hanno fatto saltare con cinquecento chili di tritolo, invece di mandare un killer sotto il ministero a Roma. Oggi i magistrati del pool, quando passano con le scorte, sentono ancora alle spalle un pezzo di città che è con loro. Ma quanto durerà? L'ultima riforma della Giustizia, appena approvata dalla maggioranza di centrosinistra, contiene norme che stabiliscono il trasferimento obbligatorio per chiunque ricopra incarichi direttivi da più di otto anni. Fra pochi mesi alla procura di Palermo non ci saranno più i Roberto Scarpinato, Guido Lo Forte, Alfredo Morvillo, cognato di Falcone. La memoria storica dell'antimafia sarà azzerata. Al loro posto verranno ragazzini o anziani magistrati a fine carriera. Sulla gloriosa procura potrà tornare a vegliare il vero patrono della magistratura italiana, il settimo procuratore della Giudea, il cavalier Ponzio Pilato. L'antimafia sarà allora finalmente come l'hanno sempre voluta loro: nuddu 'mmiscatu cu nenti.

Reggio Calabria, la dimenticata

Per il viaggiatore il lungomare di Reggio Calabria è uno dei luoghi più fiabeschi d'Europa, ma per i calabresi era soprattutto un simbolo, la speranza, e oggi la nostalgia, di un futuro possibile. Porta il nome di Italo Falcomatà, amatissimo sindaco stroncato dalla leucemia nel 2001, protagonista della "primavera reggina": otto anni in cui il sogno di una Reggio liberata dal malaffare sembrava a portata di mano.

Ed era invece un'altra fata morgana. La giunta della restaurazione, guidata dal sindaco di An Peppe Scopelliti, ha disseminato il lungomare Falcomatà di altri simboli. Primo fra tutti, il giorno stesso dell'insediamento, il monumento alla massoneria. Nella versione originale non mancavano il compasso e il cappuccio, poi spariti per le critiche dell'opposizione e un paio d'articoli su "l'Unità". Ma così monco e allusivo, il monumento risulta ancor più massone. Cento metri a destra e cento a sinistra, nei punti di maggior passaggio cittadino, si levano due inni di pietra al fascismo. Il monumento ai "caduti del 1970" – i camerati del "boia chi molla" – e l'anfiteatro dedicato al capo della rivolta, Ciccio Franco. E chi vuol capire capisca.

Nella colossale sede della Regione, costata un po' meno di una piramide, il governatore Agazio Loiero promette: "Con i dodici miliardi di euro in arrivo dall'Europa, nei prossimi cinque anni possiamo cambiare faccia alla Calabria". Qualcuno potrebbe obiettare che prima bisognerebbe cambiare qualche faccia in Regione, con trenta consiglieri inquisiti su cinquanta. Ma in Calabria le facce destinate a cambiare sono piuttosto altre, quelle degli onesti: i commercianti che si ribellano al pizzo e sono costretti alla vera latitanza, i talenti avviati all'emigrazione e i magistrati dotati di un eccesso di iniziativa. L'ultimo è Luigi De Magistris, della procura di Catanzaro, titolare della megainchiesta Poseidone sugli intrecci fra politica, massoneria e malavita, con un centinaio di nomi illustri nel registro degli indagati, dal segretario Udc Lorenzo Cesa all'ex governatore della Regione, Giuseppe Chiaravalloti, al senatore Giancarlo Piattelli (entrambi di Forza Italia). Ha fatto condannare a sette anni per truffa il capogruppo regionale della Margherita, Enzo Sculco. Poi l'inchiesta gli è stata tolta, "per vizio di forma". L'avessero fatto con la simpatica Vallettopoli potentina di Woodcock, sarebbe insorta la società civile. Ma la Calabria, nel bene e nel male, non fa notizia.

Sei anni fa, il pool antimafia reggino di Salvatore Boemi, che aveva indagato su sessantaquattro cosche e portato a quattrocento ergastoli, fu smantellato pezzo per pezzo, con i magistrati distaccati sul "fronte della guerra al terrorismo islamico", e non uscì un articolo di giornale.

La minaccia di Al Qaeda, nelle strade di Reggio, non sembra così incombente. In compenso, il controllo mafioso è più asfissiante che nella Palermo degli anni ottanta. Non serve chiedere chi comanda in città.

La mafia più ricca del mondo domina senza oppositori la regione più povera d'Europa. Si legge in *Fratelli di sangue*, grande inchiesta sulla 'ndrangheta firmata dal magistrato Nicola Gratteri e dal giornalista Antonio Nicaso: "Nel rapporto tra affiliati ai clan e popolazione, la densità criminale in Calabria è pari al 27 per cento, contro il 12 della Campania, il 10 della Sicilia, il 2 della Puglia". A Reggio Calabria siamo oltre il 40 per cento, significa che due persone su cinque sono coinvolte, a vario titolo, in attività criminali. A volte o spesso come vittime consenzienti, taglieggiate dal pizzo e dagli usurai mafiosi. La 'ndrangheta era fino a quindici o vent'anni fa ancora una mafia rurale, specialista nei sequestri di persona. Oggi controlla quaranta miliardi di euro all'anno, il 3,5 per cento del Pil italiano (Eurispes) e quasi tutta la cocaina d'Europa; possiede interi quartieri a Bruxelles e a Toronto, a San Pietroburgo come ad Adelaide, da Reggio ad Aosta; siede in innumerevoli consigli d'amministrazione di multinazionali. Secondo la polizia tedesca, è il principale investitore italiano nella Borsa di Francoforte e controlla una quota rilevante del colosso energetico russo Gazprom, il maggior estrattore di gas del mondo, seconda potenza petrolifera dopo l'Arabia Saudita e fornitore del 30 per cento dell'energia in Italia.

In una intercettazione del '96 uno dei Piromalli, i boss della piana di Gioia Tauro, confidava: "Abbiamo il passato, il presente e il futuro". Sul futuro, con molto ottimismo, si può coltivare una pallida speranza, ma sul passato e ancor di più sul presente, non vi sono dubbi. Al colosso nero della 'ndrangheta lo stato spara con fucilini giocattolo. L'antimafia di Reggio è un ufficio semivuoto. In procura Salvatore Boemi, tornato da poco dopo sei anni di esilio, cerca di rimettere insieme brandelli di pool. In questura non hanno la benzina per le auto. L'assassinio di Francesco Fortugno, il 16 ottobre 2005 davanti al seggio delle primarie di Locri, ha per un po' scosso il tradizionale menefreghismo nazionale nei confronti della tragedia calabrese. Ma sotto processo sono finiti soltanto un pugno di sicari.

Come si campa a 'Ndranghetopoli e dintorni? Bastano tre o quattro tappe di una giornata qualsiasi per afferrare il concetto. Lo 'ndrangheta tour può cominciare la mattina a Gioia Tauro con un piccolo esperimento. Sedetevi al tavolino dell'ottima gelateria in piazza e provate a vedere se in un paio d'ore, in una città con il 30 per cento di disoccupati e un salario medio di seicento euro mensili, passa qualcosa di più piccolo di una Mercedes. È consigliabile anche un breve giro della "zona industriale" della piana, segnalata dai cartelli. Capannoni a perdita d'occhio, come nel laborioso Nordest. Questi però sono vuoti, scatoloni d'aria. Le cosche hanno preso i fondi europei e sono sparite nel nulla. Nessuno indaga, nessuno ficca il naso.

A Reggio trascorro un pomeriggio di aprile a volantinare per Libera, l'associazione antimafia di don Ciotti, insieme a Mimmo Nasone, il responsabile locale. Nello struscio di corso Garibaldi, la gente di colpo ha fretta. Un centinaio di persone prendono il foglio senza guardare: "I veri mafiosi sono i politici, lo stato," spiegano. Quattro o cinque giovani, per lo più eleganti e quasi cortesi, lo dicono chiaro: "Io sono della 'ndrangheta". Uno prende il volantino ridendo e saluta: "Buon vespero, saggi compagni". La formula d'iniziazione degli affiliati. Una studentessa risponde malinconica: "Non è più un mio problema, io il mese prossimo me ne vado". Una settimana dopo, il 27 aprile, i picciotti delle 'ndrine della piana entrano di notte nella cooperativa di Libera a Valle di Marro, su un terreno confiscato, devastano tutto e pisciano sulle macerie.

Non sarebbe corretto dire che i calabresi sono stati lasciati soli a combattere, ma a volte vien da pensare che sarebbe stato meglio. Gli aiuti di stato hanno aiutato soltanto la 'ndrangheta. I due grandi poli industriali pubblici di Reggio sono serviti a consegnare la città in mano alle cosche, fino ad allora confinate nelle campagne e sull'Aspromonte. La prima fortuna del più potente boss del Reggino, Natale Iamonte, si chiama Liquichimica. Il gigantesco impianto per produrre mangimi dai derivati del petrolio avrebbe dovuto creare decine di migliaia di posti di lavoro ma ha prodotto soltanto, ricorda Giuseppe Bova, presidente diessino del Consiglio regionale, "la più lunga cassa integrazione della Calabria: ventitré anni". La fabbrica non ha aperto un solo giorno dal 1977 perché era costruita su terreno franoso, come per anni si è ostinato a segnalare il direttore del Genio civile di Reggio, poi scomparso in uno strano incidente stradale. Il Genio civile ha pagato per anni lo sgarro e sopravvive tuttora confinato in una palazzina pericolante, feroce ironia, senza alcun mezzo. Questo nella città considerata oggi dai sismologi, a un secolo dal tremendo terremoto che la distrusse, la più a rischio in Italia.

Di chi fossero i terreni della Liquichimica non si è mai capito, troppi prestanome e scatole cinesi. Ma nel frattempo Iamonte è passato da macellaio a miliardario. Lui stesso ha controllato gli appalti delle Grandi officine riparazioni delle Ferrovie dello stato, l'altra fabbrica di Reggio, al centro di un groviglio d'interessi che portò all'omicidio del parlamentare Ludovico

Ligato, davanti alla sua villetta con vista mare. Il terzo grande affare delle cosche sarebbe dovuto essere il leggendario ponte sullo Stretto, con i piloni ben piantati sulle proprietà della 'ndrangheta. Ma l'affare è saltato soprattutto per la fiera opposizione di un gruppo di reggini onesti guidati dal professor Alessandro Bianchi, ora impegnato da ministro dei Trasporti in altre due scommesse: "Usare i quattro miliardi risparmiati sul ponte per rendere civili i trasporti fra Salerno e Reggio e bonificare dalla criminalità il porto di Gioia Tauro, l'unica speranza della Calabria". Gioia è il secondo porto d'Italia dopo Genova, con la previsione di quadruplicare il traffico nel prossimo decennio. Gli investitori stranieri, giapponesi e cinesi in testa, vogliono garanzie nella lotta alla criminalità ed è paradossale che l'antimafia in Calabria riceva più impulsi da Tokyo e Pechino che da Roma.

Eppure, perfino a Reggio la vita sa essere dolce. La città non è bella ma piacevole, calda e luminosa, pulita, aperta dal lungomare, con i pub brulicanti di "movida" notturna e le ragazze libere di girare da sole alle tre del mattino. Il sindaco Scopelliti, fan di Briatore, ha profuso risorse in eventi, feste, festival, passerelle di vipperia nazionale. Anche troppe. Come i centoventimila euro pagati a Lele Mora per far passeggiare sul corso nella Notte bianca Valeria Marini e Costantino Vitagliano. Perfino un rispettabile fascistone come l'ex senatore msi Renato Meduri, braccio destro di Ciccio Franco, con in casa la sabbia di El Alamein e i busti del Duce, finisce per rimpiangere il comunista Falcomatà, "l'ultimo poeta della politica". Senza contare la questione morale, che qui fa sorridere soltanto a nominarla. Il sindaco ha (per i reggini *mantiene*) un fratello assai intraprendente, Tino, detto Tino-ten per via della percentuale fissa del 10 per cento che prenderebbe su ogni appalto. Ma intanto ai reggini il primo cittadino amico di Mora e Briatore piace moltissimo. Alle elezioni di maggio gli hanno tributato un plebiscito: il 70 per cento dei voti. È vero che il rivale di centrosinistra, Valerio Lamberti Castronovo – un medico titolare di un bel conflitto d'interessi, fra laboratori di analisi e proprietà televisive –, era il meno adatto a rievocare il carisma di Falcomatà. Ma la percentuale ha qualcosa di inquietante, come del resto la strana pace scesa sulla città.

A Reggio regna una calma ai confini con la disperazione. In città non si spara un colpo dall'omicidio del magistrato Antonio Scopelliti nel '91, atto finale di una guerra di mafia con seicento morti, agguati in pieno centro con bazooka e kalashnikov. Nel 2006 non c'è stata una denuncia di "pizzo" e il telefono antiusura tace da sempre. La pace mafiosa avvolge, rassicura, coccola il consenso. "La 'ndrangheta è la mafia perfetta," ammettono i magistrati a palazzo di giustizia. "Mantiene l'ordine, non fa morti e ha eliminato il concetto stesso di vittima. In nome di chi possiamo agire?"

Già, chi è la vittima? I tossici? Ma di coca non si muore come di eroina. In periferia ne trovi di ottima a dieci euro la bustina, il costo di una pizza e una birra, e i drogati sono clienti soddisfatti. Le vittime dell'usura? "Consideri che i tassi praticati sono inferiori a quelli bancari," mi avverte un maresciallo. Allora i commercianti strangolati dal pizzo? Tutti pagano, nessuno ammette. A notte fonda, nel locale ormai deserto, un ristoratore mi confida: "Sì, pago il pizzo. Pago anche le tasse, più o meno, e che cosa ricevo in cambio? Lo stato non mi garantisce la sicurezza. I trasporti fanno schifo. Se si ammala mio figlio prendo l'aereo e vado a Bologna, perché all'ospedale l'altra volta mi sono dovuto portare lenzuola e medicinali. Poi pago il pizzo, certo, ma nel mio locale non entra un mendicante, la finanza non fa controlli e se mi rubano l'auto me la fanno ritrovare il giorno dopo sotto casa. Per il servizio che offrono, non sono neppure cari. L'alternativa? La fine di Masciari".

Pino Masciari, imprenditore edile di Vibo, anni fa ha denunciato il pizzo e fatto arrestare decine di malavitosi. Gli hanno fatto saltare l'ufficio. Il resto lo hanno fatto le banche, con la revoca del credito: "cliente a rischio". È fallito per ventimila euro, quando aveva cantieri per tre milioni. Ora vive al Nord senza scorta, il governo Berlusconi gliel'ha tolta. Nella primavera 2006 è arrivato a Vibo, da solo, per votare alle elezioni politiche. Ai cronisti allibiti ha detto: "Non possono farmi niente, mi hanno già ammazzato". Soltanto don Ciotti l'ha convinto a non tornare. Luigi Ciotti a Reggio è di casa, festeggiato come un liberatore, ma non è il tipo da far sconti. Alla giornata della memoria di Polistena, il 21 marzo, ha esordito con durezza: "Il problema in Calabria non è la 'ndrangheta, non sono i politici. Il problema siamo noi". Noi società, civile o no, "rassegnata a chiedere per favore quanto ci spetta di diritto". La platea ha applaudito, una folla di migliaia di studenti da ogni parte d'Italia, Firenze e Torino, Palermo e Lecce. Da Reggio, quasi nessuno: presidi e professori hanno declinato l'invito, qualcuno ha fatto sapere agli studenti che la presenza a Polistena avrebbe costituito "assenza ingiustificata". La 'ndrangheta, che controlla tutto, ora si è messa in testa di controllare anche l'antimafia. Infiltra affiliati nelle associazioni, costituisce cooperative per farsi riassegnare i beni sequestrati. "Il futuro di Reggio si gioca in pochi anni, tre o quattro al massimo," racconta il sociologo Tonino Perna. "O lo stato capisce che questa è la peggior emergenza mafiosa di sempre, oppure l'avranno vinta loro e anche gli ultimi calabresi disposti a lottare si rassegneranno o andranno via, com'è da secoli. Ogni volta che laureo uno studente con centodieci e lode mi piange il cuore, perché so che gli sto consegnando un passaporto."

Taranto fallita

Che cosa accade quando una città fallisce?

Se capiti alle sei del pomeriggio in via D'Aquino, il salotto della città, sembra che a Taranto non sia successo nulla. Gli avvocati in pausa al caffè estraggono dalle borse griffate telefonini da mille euro, le signore della Taranto bene si lanciano in pattuglie di tre in uno shopping compulsivo, i ragazzi commentano il lento sfilare delle ragazze con indolenza da scirocco, vezzosi lampioncini francesi illuminano la strada immacolata e adornata di piante, per terra nemmeno un mozzicone. Un bambino lascia penzolare una cartaccia e la madre lo strattona: "Non ti fa' accanosc!". Potrebbe essere il motto cittadino, "Non facciamoci riconoscere". Ma basta fare cinquanta passi di qua o di là per capire che cos'è una città fallita. Montagne di spazzatura, buche non riparate da anni, strade buie, fontane asciutte, bus che si fermano di colpo e scaricano i passeggeri, il Comune assediato da centinaia di dipendenti in attesa dello stipendio del mese precedente, cumuli di bare all'obitorio perché non ci sono i soldi neppure per seppellire i morti.

Taranto, duecentodiecimila abitanti, quattordicesima città d'Italia, non ha un euro in cassa. Il dissesto è stato proclamato il 18 ottobre 2006 e da allora il conteggio del buco cresce di mese in mese. L'ultimo totale è di seicentocinquanta milioni di euro, ma non è definitivo. Una voragine creata in pochi anni a colpi di appalti fasulli, Parentopoli scellerate, eventi milionari, consulenze e stipendi d'oro, con le buste paga dei ragionieri del Comune, dipendenti e consulenti, gonfiate fino a dieci, dodici, ventimila euro al mese. Tutti d'accordo: trenta amministratori finiti in galera. Era questo il retroscena della "Svizzera sul mare" degli slogan elettorali. Ed è il conto finale della lunga e scalmanata stagione di demagogia, inaugurata nel '93 con la discesa in campo del telepredicatore Giancarlo Cito e proseguita dal 2000 al 2006 con il regno della pasionaria di Forza Italia, Rossana Di Bello, "il più bel sindaco d'Italia," diceva Berlusconi.

La gente ora non vuol sentirne parlare, soltanto dimenticare tutto in fretta nel rito dello struscio, sala da ballo del *Titanic*, tappeto luccicante sotto il quale la città prova a nascondere le macerie. Come se fosse possibile. Proprio a metà di via D'Aquino entro nella gioielleria dell'ultimo sindaco, Rossana Di Bello, la principale responsabile del dissesto. "Desidera qualcosa?" mi chiede la signora, ancora molto bella, sorridente come nei manifesti. Vorrei capire come si fa fallire una città. Per sei anni è stata la regina di Taranto, due volte confermata con il 60 per cento dei voti, idolatrata come una dea, prima di finire condannata per l'inceneritore e costretta alle dimissioni. L'ex sindaco ha l'aria scocciata e benestante di molti "perseguitati politici dalla magistratura rossa". Leva gli occhi al cielo e sospira: "Ah, se dovessi parlare non basterebbe un libro...". Quindi non parla. In negozio entrano pochi clienti ma nessun tarantino è venuto mai a protestare o soltanto a ricordare.

Nessuno va più a trovare neppure "l'Onorevole" o "il Geometra", Giancarlo Cito, inventore del leghismo meridionale, proto-Berlusconi, il palazzinaro televisivo e padrone della squadra di calcio, che nel '93 si prese la città per sette anni. "Che male fa provare?" dicevano perfino gli operai. "Se non mantiene le promesse, andiamo in Comune e lo carichiamo di mazzate." Al suo primo processo per mafia, novemila tarantini circondarono il palazzo di giustizia per protestare contro il "complotto delle toghe rosse". All'ultima udienza, dopo una serie di condanne, erano presenti in nove: sei cronisti tediati e tre curiosi. Cito vive agli arresti domiciliari in una palazzina del tremendo quartiere Bestat. Smagrito, roco, fa sincera pena, come può farne un ex picchiatore fascista. Alto, imponente, una montagna di muscoli era, "terror de' comunisti" e poi, da sindaco, degli immigrati e dei venditori ambulanti che andava a togliere dai marciapiedi a schiaffi e a pugni. Gli piaceva ripetere sui magistrati la battuta di Al Capone-De Niro negli *Intoccabili*: "Sono solo chiacchiere e distintivo. Chiacchiere e distintivo!". E rideva forte. Non gli ha portato fortuna. Ma non è il tipo da darsi per vinto. Alle ultime elezioni ha candidato il figlio Mario, un cristone grande e grosso come lui, però quasi muto. Non finisce una frase senza dire: "Come pensa anche mio padre...". Nonostante questo, ha mancato il ballottaggio per soli settecento voti. Ma come, ancora votano un Cito, i tarantini, dopo tutto quello che è successo? Negli occhi del Cito primigenio brilla un lampo antico: "È perché hanno capito che non c'entravo. Ah, potessi parlare...". Non parla la Di Bello, non parla Cito, non parlano i cittadini che li hanno votati ma che ora preferiscono parlar d'altro e poi devono proprio scappare: "Brutte storie, chi se l'immaginava? Speriamo che si risolva". Il più sincero è Peppino, che ha il banco del pesce nella città vecchia: "Li ho votati perché mi stavano bene. Dotto', parliamoci chiaro: io tengo cinquant'anni e tre ricevute".

Lo scrittore e magistrato Giancarlo De Cataldo parla da "rinnegato", è la più famosa delle tante intelligenze cittadine che da tempo hanno fatto le valigie. L'autore di *Romanzo criminale* ha dedicato alla sua città un libro dolente e ironico, un'alta orazione civile, *Terroni*. "Vivo a Roma da trent'anni e forse non dovrei più parlare. Ma una cosa devo ammetterla: Taranto ha la peggior borghesia del Sud, la più famelica e irresponsabile." Alla città onesta, che in questi decenni ne ha viste e sopportate di tutti i colori, hanno fatto appello i due baresi chiamati a liquidare il "caso Taranto", Francesco Boccia e Tommaso Blonda. Boccia è un giovane economista di valore, degnissimo rivale di Vendola alle primarie pugliesi, ora consigliere di Enrico Letta, che si è preso la croce di trattare con il governo e i creditori – in prima fila il San Paolo di Torino – per evitare la totale bancarotta tarantina. Tommaso Blonda è un ex pretore da manuale, il perfetto "servitore dello stato", insomma l'uomo giusto nella città sbagliata. "Quando l'allora ministro Pisanu mi ha proposto l'incarico, ho accettato subito. Qui avevo lavorato per quindici anni, qui erano nati i miei figli. Ma non immaginavo quello che mi aspettava. A Taranto le regole sono saltate da vent'anni e non gliene importa a nessuno. La città viveva al di sopra dei propri mezzi e la demagogia cavalcava lo spreco, lo incoraggiava. Si è perso il senso del limite, come se la pratica dell'illegalità non avesse confini. Oggi per ricominciare a pagare i debiti non basta privatizzare le aziende dei trasporti e della nettezza urbana, non basta cancellare gli appalti-capestro, e neppure vendere gli immobili. Bisognerebbe tagliare almeno mille dipendenti del Comune. Ma se provo a dirlo, ecco il risultato." Mi mostra un titolo di giornale, il più replicato a Taranto nell'ultimo anno: "Tutti contro Blonda". Ha avuto scioperi, minacce, lettere con proiettili, ma è andato avanti. "Questa non è la città che avevo lasciato nell'86. Piena di problemi e con i clan che facevano una sparatoria al giorno, ma ancora capace di reagire. Non so che cosa sia successo, la gente è rassegnata. Gli parlo di tragedie e mi guardano con l'aria dei concorrenti al quiz televisivo in difficoltà, nella speranza di un 'aiutino'..."

Si può dire qualcosa in difesa dei tarantini? La rassegnazione, il fatalismo, hanno origini lontane ed esterne. Taranto era una piccola, nobile capitale della Magna Grecia incastonata fra le acque, una città di laguna, una Venezia di Puglia, con lo splendido borgo antico dietro il castello aragonese e il quartiere ottocentesco stretti fra Mare Piccolo e Mare Grande, che nell'ultimo secolo ha subìto colossali invasioni barbariche. Prima l'Arsenale del Regno, poi la Base navale – la prima nel Mediterraneo –, quindi la Fabbrica. Ora la città non è più né bella né brutta. È una tavolozza impazzita, un impasto violento di luce, acqua, cemento, fuoco e acciaio, con angoli d'incanto e squarci spaventosi.

Da ogni punto incombe l'ultimo grande paesaggio industriale d'Italia, la riserva indiana del fordismo. L'Ilva – ex Italsider, ora gruppo Riva – sovrasta la città, la domina con le sue ciminiere e si mangia ancora due terzi del gigantesco porto. È il primo impianto siderurgico d'Europa, un dinosauro più grande di Mirafiori, tre volte più esteso di Taranto città, dieci milioni di tonnellate d'acciaio all'anno, duecentocinquanta chilometri di ferrovia interna, altiforni imponenti come dolmen, distese di tubi a perdita d'occhio. Da quarant'anni i tarantini la chiamano "il Mostro". Da quarant'anni distribuisce vita e morte, e non è un modo di dire. Oggi ci lavorano quindicimila operai ed erano trentamila ai tempi dell'industria di stato. Nella sua storia si contano centottanta caduti sul lavoro, ottomila invalidi, dieci o forse ventimila morti di cancro e leucemie (dipende dalle stime). Il gioco dei bambini del rione Tamburi, a ridosso del Mostro, è svegliarsi e indovinare di quale colore è il cielo del mattino. Di rado è blu, a volte arancio o viola, più spesso di un rosso mattone, uguale a quello ormai incrostato ai tetti delle case e sulla strada del cimitero. Da sola, l'Ilva sputa nell'aria di Taranto il 10,2 per cento di tutto l'ossido di carbonio prodotto in Europa.

Ma fino a dodici anni fa, in cambio di tanto dolore, la fabbrica garantiva almeno il mito del "posto sicuro" nella cuccia calda dell'impresa di stato. Nel '95 l'Ilva è stata privatizzata dal governo Dini, peraltro a un prezzo un po' troppo basso (millesettecento miliardi di lire), ed è arrivato un padrone bresciano, Emilio Riva, ben deciso a imporre nella città-stato tarantina la legge del mercato, con le buone o con le cattive. Ma quasi sempre con le cattive. In un decennio Riva ha mandato via la metà degli operai, spezzato le reni al sindacato, quadruplicato gli utili grazie soprattutto ai clienti cinesi e collezionato una serie di processi e condanne, l'ultima a tre anni per mancate misure di sicurezza e inquinamento. È rinviato a giudizio per una pessima storia di mobbing divenuta celebre, quella della "palazzina Laf", una specie di baracca dov'erano rimasti confinati per mesi un pugno di sindacalisti ostinati, senza lavoro e senza una sedia o un tavolo.

La privatizzazione dell'Ilva ha segnato lo spartiacque nella vita cittadina. Gli operai licenziati si sono messi a fare gli artigiani e a "coltivare il mare" da vecchi contadini mai diventati marinai. Ogni palo di cozze a Mare Piccolo è un ex operaio dell'Ilva. Le imprese dell'indotto siderurgico prima si sono rivolte fuori, verso il boom di Bari e del Salento, poi si sono spente, una dopo l'altra. Gli operai tarantini avevano costruito la piattaforma del ponte fra Danimarca e Svezia, ma anche la Belleri ha chiuso i battenti due anni fa.

"Senza più posto fisso, la città ha finito per attaccarsi alle ultime mammelle di stato, la Sanità e il Comune, fino a succhiare l'ultimo euro." Questa è l'analisi del presidente della Provincia, Giovanni Florido, ex sindacalista dell'Ilva. Florido era il candidato del centrosinistra alle elezioni comunali. Intelligente ma ruvido e decisamente poco simpatico – non a caso scelto personalmente da Massimo D'Alema –, è andato incontro a una catastrofe. Con una maggioranza del 75 per cento i tarantini hanno scelto al ballottaggio il candidato della sinistra radicale, Ippazio Stefàno. Un bel sindaco, un uomo dolce e generoso, per nulla estremista, che da medico ha curato gratis per decenni i bambini poveri, i figli degli operai malati di fabbrica. Ora la città si aspetta che questo sant'uomo laico faccia il "miracolo". Ma come nel bellissimo film di Edoardo Winspeare girato nella città vecchia, è un miracolo che soltanto la volontà dei tarantini può compiere.

Bari e il Muro

Quando Gianrico Carofiglio, il miglior autore di gialli italiano allora noto soltanto come magistrato antimafia, girava per case editrici con il manoscritto del suo primo romanzo, *Testimone inconsapevole*, gli rispondevano: "La storia funziona, ma non si potrebbe cambiare ambientazione? Bari non fa vendere". Già, né bella né dannata come Napoli e Palermo – al massimo sporca e cattiva –, la città godeva di pessima stampa. Che cosa si conosceva nel resto d'Italia? Il mostro di Punta Perotti – la "saracinesca sul lungomare" –, il rogo del Petruzzelli, lo sbarco dei ventimila albanesi del *Vlora*, gli scippi e gli spari a Bari vecchia. In più, la Sacra Corona Unita – peraltro più brindisina che barese –, feroce ma con minor fascino letterario di mafia e camorra. In sei anni molte cose sono cambiate. Una "grande svolta", per citare il libro-manifesto del nuovo meridionalismo di un grande intellettuale barese, Gianfranco Viesti. Punta Perotti è stata demolita nella primavera del 2006 e il filmato dei trecentomila metri cubi che vengono giù in cinque secondi fra gli applausi dei baresi sta ancora facendo il giro del mondo. I cantieri del Petruzzelli stanno per essere aperti in questi giorni, dopo quindici anni di inutili processi. Gli albanesi non sbarcano più, semmai sono i pugliesi a cercare fortuna nei Balcani. La Sacra Corona Unita è stata spazzata via da centinaia di arresti. E Bari vecchia? È diventata la Trastevere di Bari.

Carofiglio è sempre un magistrato antimafia ma ha scritto altri tre romanzi, tutti molto belli e rigorosamente ambientati in città, e ne ha vendute oltre un milione di copie in una decina di lingue. In Germania, dov'è un culto, l'editore Bertelsmann ha deciso di allegare alle ristampe una cartina di Bari con i luoghi del protagonista, l'avvocato Guerrieri. L'idea è un po' tedesca, ma giusta. Non solo, la lettura di Carofiglio è il modo migliore per arrivare a Bari e sentirsi subito a casa. Ma poi il turista che dalla Germania si spinga davvero sui luoghi di Guerrieri potrà riconoscere qualcosa che ha visto soltanto a Berlino: mezza città che riscopre l'altra mezza.

Bari nuova e Bari vecchia sono state separate per decenni da una barriera invisibile ma non meno impenetrabile del Muro di Berlino, e forse di più. Di qua, la borghesia del quartiere murattiano, un quadrilatero perfetto con le belle vetrine di via Sparano, gli studi dei professionisti, la sede della Banca d'Italia e il Palazzo del Governo. Di là, lo stupendo e miserabile dedalo bizantino di vicoli antichi, un ghetto senz'acqua, fogne, luce e gas, dove neppure i carabinieri si avventuravano a cercare gli albanesi scappati dallo stadio e arruolati dai clan. In mezzo viale Vittorio Emanuele, che scorre come un fiume da piazza Garibaldi al mare e per anni ha diviso le sponde cittadine. I due mondi si guardavano dai marciapiedi. Sul destro, lindo e liscio, con i negozi eleganti e le sedi istituzionali, lo struscio di avvocati, notai, medici. Sul sinistro, con le buche e i lampioni fulminati, il viavai di ladri, spacciatori e puttane. Il sindaco Michele Emiliano è diventato popolare quando da pubblico ministero pronunciò una celebre arringa: "In questa città il destino di un bambino si decide in cinquanta metri, a seconda se nasce da questa o da quella parte di viale Vittorio. C'è una Bari bene di avvocati e magistrati, alla quale io appartengo, che studia come mettere in galera l'altra metà". Quasi tutti i baresi che ho incontrato, fra i quali ricchi commercianti e intellettuali giramondo, hanno vissuto per venti, trenta, quarant'anni senza mai entrare nella città proibita, senza mai compiere quei cento passi. Ancora negli anni settanta la gente "di là" moriva di colera, come nel Seicento.

A cavallo del Duemila, con undici anni di ritardo su Berlino, è caduto anche l'immateriale Muro di Bari, grazie a una fortunata cabala. Il motore è arrivato con i fondi della Comunità europea, una battaglia vinta postuma da Pinuccio Tatarella, anche per questo venerato da tutti e rispettato dalla sinistra. Ai suoi funerali c'era la città in corteo, e Violante a ricordarlo. Ma poi si sono mossi in molti. Il primo a rompere il tabù è stato il regista Alessandro Piva, che nel 1999 filma nella città vecchia *LaCapaGira*, storia di piccoli delinquenti osannata al Festival di Berlino, tanto da divenire un caso. Il secondo è stato il calciatore Antonio Cassano, gloria sportiva (e gastronomica) di Bari vecchia. Non c'è ristorante che non esibisca una foto del "fenomeno". Il suo guaio è che ha mangiato in tutti. La terza e decisiva eroina è la meno nota, Lella Fazio, mamma di Michele, ucciso per sbaglio a quindici anni nel luglio 2001 in una faida tra i due clan dominanti, i Capriati e gli Strisciuglio. Mamma Lella non si limita a vestire il lutto e piangere il suo ragazzo. Usa i soldi del fondo vittime della mafia per aprire un'associazione. Con il marito Pino raccoglie testimonianze, indaga, si trascina mezza Bari vecchia in una lotta ai clan, con fiaccolate sotto le finestre dei boss, resiste alle minacce e alla fine la spunta. I killer di Michele sono arrestati e condannati, i due clan sgominati. A Bari lo stato ha vinto le mafie, grazie alle mamme Lelle. E grazie a lei anche la borghesia trova l'animo di varcare l'Arco delle Meraviglie, fedele al nome, ed entrare nella città vecchia. In due o tre anni nascono decine di pub e ristoranti, si trasferiscono studenti e intellettuali, la zona proibita che ha ancora sulle mura le scritte "off limits" dei militari americani, diventa il centro della "movida".

Alessandro Piva mi conduce nei segreti del quartiere ancora sospeso fra miseria e splendore, dove i palazzi raccontano la storia della città. Palazzo Zeuli, per esempio, è una dimora cinquecentesca costruita dai nobili Caggiani, poi acquistata nel Settecento dagli Zeuli – quelli dei vini –, quindi nell'Ottocento finita a una famiglia di pescatori che ha coperto gli affreschi con la vernice azzurra, di nuovo trasformata nel dopoguerra in quartier generale delle bande criminali. Oggi ci abita donna Paola, una studiosa che lavora all'archivio di stato, prepara strepitose focacce e intanto mostra con orgoglio il soffitto ligneo che nessuno dei bizzarri inquilini ha osato toccare, bello come nei palazzi dei Gonzaga.

L'euforia liberatoria della conquista di Bari vecchia ha gonfiato le vele della "primavera barese". Tutto sembrava possibile. Una capitale della destra e della criminalità elegge in un colpo un ex pm con la fama di "sceriffo" al Comune, il sindaco Michele Emiliano, e in Regione il rifondarolo Nichi Vendola, un "ricchione comunista", secondo l'elegante propaganda fascista. In fondo a campagne elettorali grondanti passione civile ed emozione. Emiliano accolto come la Madonna pellegrina nelle periferie, dagli stessi che aveva più volte mandato in galera da giudice, festeggiato dai portuali: "Me' sindaco, t'ho portato le cozze fresche!". I poetici comizi di Nichi Vendola in strada che muovono alle lacrime non solo noti pregiudicati ma perfino grossi commercianti, mentre le signore lanciano fiori dalle finestre. Si può? Si può. Si poteva sconfiggere i clan della malavita e buttar giù Punta Perotti, simbolo dell'onnipotenza dei costruttori. Si poteva espropriare le mura del Petruzzelli, il monumentale teatro che dal rogo del '91 è rimasto un'orbita vuota per le mene della famiglia proprietaria, i Messeni, e aprire i cantieri che dovranno restituirlo alla città nel 2009. Si può perfino nominare uno come Riccardo Petrella, uno dei massimi esperti mondiali di acque, idolo dei no global, alla direzione di quel groviglio meridionale che è l'acquedotto pugliese, del quale Aldo Moro diceva: "È sempre servito più a dar da mangiare che a dar da bere".

"Bari cambia" non è uno slogan e basta. La città è più bella, sicura, organizzata, con il miglior traffico urbano e il più efficiente aeroporto d'Italia, grazie a un giovane assessore, Antonio Decaro, e a un grande manager, l'industriale Domenico Di Paola. Sull'esperimento si accendono i riflettori nazionali, arrivano Prodi e Berlusconi, D'Alema e Poli Bortone aprono sedi, perché almeno in questo Bari è ancora la Milano del Sud, un laboratorio politico: feudo democristiano e culla del primo centrosinistra, prima "onda lunga" del Psi di Craxi (fino al 32 per cento) ed epicentro della Mani pulite meridionale, capitale della nuova destra e tomba del berlusconismo.

Poi, come sempre nelle storie italiane, arrivano l'autunno del disincanto, l'inverno della restaurazione. Ora sono le periferie ad andare dal sindaco. Appena mette il naso fuori dal municipio per scendere al Caffè Borghese su viale Vittorio, gli si fa incontro una folla di casi umani, l'ex spacciatore, il disoccupato, l'ex donna delle pulizie ospedaliere licenziata dai tagli romani: "M'avevi detto, avevi promesso". Il sindaco Emiliano è un impasto molto meridionale di buona fede e vanteria, populismo di destra e riformismo di sinistra, facile alla battuta quanto all'incazzatura, il tutto spalmato su un metro e novanta e dotato della delicatezza di movimenti di uno tsunami. Per giunta, sperava che la levantina burocrazia comunale si potesse gestire come la polizia giudiziaria. Insomma, sta imparando. Nichi Vendola non esce neppure per il caffè, barricato in Regione sedici ore al giorno a combattere mille feudatari. Ha appena chiesto le dimissioni di Petrella dall'acquedotto (troppo estremista, anche per Vendola) e si è visto impallinare gli esperti della sanità chiamati dall'Emilia dai baroni della medicina.

Due uomini soli al comando e a volte in conflitto, circondati da una città sempre più scettica dove qualcuno comincia a rimpiangere Punta Perotti "che almeno dava lavoro". Vendola ammette: "Da soli non ce la facciamo, bisogna creare pezzi di classe dirigente".

Il fatto è che nella mappa dei poteri il muro fra una Bari vecchia e una nuova è rimasto. La Bari nuova del potere sta tutta dentro il "salotto Laterza". Un cenacolo illuminato, nella tradizione dell'editore, inaugurata da Benedetto Croce. Alla tavola di Alessandro Laterza, che è pure un ottimo cuoco, parlo con i grandi intellettuali di formazione gramsciana, il sociologo Franco Cassano e l'economista Gianfranco Viesti, giovani tecnocrati cosmopoliti, come Cosimo Lacirignola del prestigioso Istituto agronomico, un raffinato filologo come Corrado Petrocelli, artisti, scrittori. Negli ultimi tre mesi il "salotto Laterza" è andato al potere, occupando i punti strategici del futuro di Bari. Una rivoluzione copernicana. Alessandro Laterza è diventato presidente degli Industriali, Viesti dirige il polo tecnologico, Petrocelli è il nuovo rettore dell'Università – al posto dell'indagato Giovanni Girone –, Lacirignola è stato nominato presidente della Fiera del Levante, la chiave dello sviluppo cittadino, decaduta a passerella della politica e della retorica meridionalista e che lui vorrebbe invece trasformare in "un ponte fra Europa e Cindia". È la prima volta che un circolo filosofico coltissimo e cosmopolita viene promosso in blocco a classe dirigente. "Può andare soltanto in due modi," commenta Laterza, "o molto bene, o molto male." Dipende anche dalla resistenza dei vecchi poteri.

La Bari vecchia del potere se ne frega della globalizzazione, parla soltanto dialetto e bada al sodo. È una Parentopoli con le mani salde sulla città e il motto mutuato dal *Padrino*: "Mai far sapere a un estraneo della famiglia quello che hai nella testa". Il familismo amorale raggiunge qui punte di Barocco. L'Università è un posto, come ha scritto Attilio Bolzoni, dove se chiedi di un professore, poniamo Tatarano, Girone, o Foti, l'usciere ti risponde: "Quale?". La media è di quattro cattedre a casato, con punte di nove per i Massari – forse record mondiale –, che occupano un'intera ala di Scienze politiche. Gli esami si comprano, i verbali si truccano. La sfrontatezza è regola. L'ex sindaco Simeone di Cagno Abbrescia, uno dei grandi immobiliaristi baresi, firmava le delibere sui propri terreni e insieme le deleghe per farci costruire dalla ditta del figlio. Perfino il boss di Japigia, il mitico Savinuccio Parisi, era riuscito a farsi pagare dal Comune i concerti del figlio cantante, Tony. Quando incontro Michele Matarrese gli sembra normale raccontarmi che suo cognato Mario Greco, senatore di Forza Italia, "ha lasciato il seggio e il posto in commissione al figlio Salvatore, che però abbiamo eletto nell'Udc". Il ragazzo, detto Tato, è diventato famoso per essere stato interrogato il primo giorno dalle Iene, fuori da Montecitorio, sulla data della scoperta dell'America e sulla Rivoluzione francese. La prima risposta è stata: "1640, più o meno". La seconda: "Un grosso movimento".

I Matarrese, detti "i Kennedy di Bari" sostanzialmente da se stessi, sono il riassunto e l'apoteosi delle grandi famiglie baresi, nel bene e nel male. Sei fratelli, figli del leggendario Salvatore, capomastro che inventò l'impresa e stabilì in famiglia una rigida spartizione di ruoli per occupare l'intero scacchiere. Il primogenito, Giuseppe, è vescovo (a Frascati). Michele dirige l'impresa. Antonio era onorevole dc ed è ancora presidente della Lega calcio. Vincenzo è da trent'anni presidente del Bari calcio. Amato è l'ingegnere. L'ultima, Anna Maria, ha sposato il giudice Greco. I nipoti si chiamano o Salvatore o Palma, come i nonni, e seguono la strada segnata. Per non sbagliarsi, i fratelli Matarrese si chiamano per titolo e vivono in un palazzo di sei piani a Japigia ("Il più alto al vescovo, che deve stare vicino al cielo"). Da un anno, ogni mattina che Dio manda in terra si svegliano, aprono le finestre e non vedono più Punta Perotti. Ogni mese salgono la rabbia e la richiesta di danni al Comune, ora a quota cinquecentosettanta milioni. Michele salta sulla poltrona: "Non è giusto, non è giusto! Ci stavano tutti nell'affare, il Comune e la Regione, ci stava il fratello del presidente Napolitano, il povero Massimo, che l'ha progettata, e pure Renzo Piano. Poi si sono defilati tutti e siamo rimasti i Matarrese, gli assassini del lungomare. E perché ci dobbiamo rimettere solo noi?".

A metà strada fra vecchio e nuovo stanno i Divella, i cugini Francesco e Vincenzo, titolari di un'azienda gioiello, secondo pastificio d'Italia dopo Barilla. Ma anche qui, curiosa storia di famiglia. Vincenzo è presidente della Provincia di Bari, quota Margherita, il cugino Francesco esponente di punta della destra di An ("Diciamo pure fascista," ammette Vincenzo, "tiene ancora il busto del Duce in ufficio"). Ora, D'Alema voleva candidare il Divella di sinistra alla Regione e Fini il Divella di destra al Comune. Entrambi hanno rifiutato, altrimenti avremmo assistito forse a un esperimento unico nel mondo di istituzioni cugine e, si fa per dire, nemiche.

Si va via da Bari con il sentimento di chi ha lasciato a metà un romanzo e ha la curiosità di sapere come va a finire. Basta aspettare e si vedrà. Se vince il nuovo, vedremo risorgere lo splendido Petruzzelli. Se vince il vecchio, qualcuno costruirà sul lungomare un'altra Punta Perotti. La battaglia si decide nei palazzi del potere ma anche nei casermoni di periferia, dove l'esempio di mamma Lella ha fatto scuola. Luoghi come Enziteto, periferia della periferia del quartiere San Paolo, seimila abitanti e non un solo negozio. Non c'era neppure il nome delle strade. Due carnevali fa, le madri hanno vestito in maschera i bambini e sono andate a protestare contro i boss del quartiere. Il giorno dopo vengono minacciate, loro e i bambini, e il cronista della "Gazzetta del Mezzogiorno" che aveva raccolto le interviste, Gianluigi De Vito, viene picchiato a sangue da un commando nella sede del giornale. Ma le madri di Enziteto non mollano, denunciano tutti. Cristo ci è dovuto arrivare a Enziteto e oggi le strade hanno un nome, scelto dai bambini delle elementari. Si chiamano via della Libertà, viale della Giustizia, via dell'Uguaglianza...

Napoli

Ci ho provato, a scrivere di Napoli. Sono arrivato a Napoli Centrale una mattina presto. Avevo dieci appuntamenti in agenda. Alla sera non avevo ancora visto nessuno. C'era l'emergenza rifiuti.

"L'emergenza che?"

"L'emergenza rifiuti. Non si esce, non si circola, devo incontrare una delegazione, devo scrivere il pezzo, devo scappare qui, là."

Il giorno dopo, lo stesso.

Verso sera chiamo un amico regista, per trovare conforto e un compagno di cena. Gli accenno che vorrei anche parlare della sua città. Ha una mezza crisi isterica. "A cena sì, ma di Napoli non parlo. Ho un rifiuto totale. Non ne posso più. Io me ne vado, mi trasferisco a Roma, giuro, dal mese prossimo. Non ho niente da dire. Hanno fatto un'insurrezione contro Giorgio Bocca per il suo libro, ma ha ragione. Il guaio di Napoli sono i napoletani, siamo noi. Anch'io ho bruciato i cassonetti. Lo so, è incivile, lo so. Ma la rabbia è tale... Mi hanno offerto un affitto a Testaccio, com'è Testaccio?"

A cena, da solo, attacco il malloppo degli articoli

d'archivio. Bellissimi, gravidi di passione. Tanta passione che non si capisce nulla. Sono quasi tutte invettive o arringhe difensive, con brevi cenni di analisi. Al mattino del terzo giorno, per rompere il confino dorato dell'Hotel Vesuvio, decido di spegnere il telefonino e pellegrinare a piedi per la città. Così, per annusare la vita nelle strade. Santa Lucia, i Quartieri spagnoli, le vie più eleganti. Napoli è la vera città della sindrome di Stendhal. Prendono alla gola, l'abbondanza e l'incoerenza. Gli stili si sommano senza comporsi, in un perenne, estenuante contrasto. L'architettura, come i problemi della città, non offre soluzioni ma soltanto storia. Dalla città barocca si precipita in un attimo nei vicoli. I motorini schizzano, pare un videogioco. Su un muro spunta il riflesso di un braccio teso nel gesto di puntare l'arma. Ma è solo lo scherzo di un ragazzo.

Nel pomeriggio salgo fino a Montesanto, quartiere popolarissimo e assai bello. Ho un appuntamento con i ragazzi che gestiscono un centro sociale, il Damm, così chiamato in onore di Diego Armando Maradona.

I veri conoscitori di Napoli a questo punto rideranno, ma l'anfiteatro del centro sociale Damm di Montesanto è uno dei luoghi più magici della città. Si vede un pezzo di golfo, dalla parte povera del porto. Eppure è un panorama sereno, quasi allegro. Si sentono le risate dei bambini, i tonfi di un pallone. Sono rimasto ancora un'ora ad aspettare con il taccuino in mano, finché non mi è venuto in mente di andarmene.

Roma neobarocca

A Roma si diventa barocchi fin da ragazzi. L'ultima moda giovanile è l'ex voto, in varia forma. Il primo lucchetto dell'amore su Ponte Milvio l'ha messo l'autore di *Ho voglia di te*, Federico Moccia, la notte di vigilia dell'uscita del romanzo, "per non deludere i lettori". In pochi giorni è stato imitato da centinaia di lettori e non lettori. Tanto da far schiantare sotto il peso dei lucchetti un lampione e da farlo poi proliferare sui vicini – con una recrudescenza di ottone dopo il successo del film con Riccardo Scamarcio e Laura Chiatti –, e da scatenare una guerriglia politica fra Comune di sinistra e Circoscrizione di destra: rimuovere i lucchetti, lasciarli, conservarli come una reliquia in Campidoglio? In ogni quartiere nascono da una notte all'altra cappelle votive spontanee, con poesie, disegni, icone, simboli; sui luoghi dei delitti, come quello della ragazza assassinata nel metrò, quanto sui luoghi dell'amore, degli incidenti stradali, dello sport, della memoria. Un gesto popolare, una forma di comunicazione diffusa soltanto in due epoche: nel Seicento e oggi. Tutta la gioventù, non solo romana, è ormai neobarocca. Ma nella capitale più che altrove si assiste al tripudio di corpi adornati di tatuaggi, piercing, creste colorate, unghie e ombelichi arabescati. Senza contare i chilometrici graffiti metropolitani, che ossessionano i muri e i consigli comunali. È il Barocco che avanza, altro che i barbari. Il Barocco, lo spirito del tempo, in rima con "scirocco" e con il languido carattere romano. E questa ne è la nuova capitale.

Walter Veltroni, senza forse averlo letto, mette in pratica la profezia sessantottina di Guy Debord, per cui nella società dello spettacolo sarebbe stata Roma e non New York il nuovo centro e laboratorio universale. L'espansione degli ultimi anni è impressionante. Il turismo in crescita al ritmo costante del 12 per cento annuo significa che i ventisei milioni di visitatori di oggi diventeranno cinquanta nel 2012. L'offerta di spettacoli, secondo una ricerca condotta all'Università di Urbino su "Roma c'è" e "Trovaroma" di "Repubblica", è aumentata dal 2001 del 90 per cento. L'Auditorium, inaugurato nel 2002 fra mille polemiche sulla sua utilità ("Tutti dicevano: chi volete che vada in quel posto squallido a sentire un concerto, invece di godersi Roma?" ricorda Renzo Piano), è diventato in cinque anni la prima istituzione culturale d'Europa per presenze di spettatori. È raddoppiato il turismo congressuale e fieristico e per ospitare tutti, dicono alla Fiera, "ci vorranno quattro *Nuvole* di Fuksas". Vengono tutti, da tutto il mondo, e presto o tardi diventano romani. Più che un potere, a Roma comanda uno stile, il Barocco appunto. Non che i gruppi di potere non esistano e non siano forti, ma si limitano a vicenda e soprattutto si disperdono in una città gigantesca per storia e dimensioni, l'unica vera metropoli italiana. Dentro i confini di Roma troverebbero posto le altre otto grandi città: Milano più Napoli, Torino, Genova, Palermo, Firenze, Bologna, Catania e ancora ne avanzerebbe un pezzo. Chi comanda allora? I grandi palazzinari – da Caltagirone a Toti, a Bonifaci – prosperano, ma non sono più i padroni della città come negli anni ottanta. Il Vaticano e l'Opus Dei tornano a dettar legge in Italia ma molto meno a Roma, che rimane, come scriveva Pasolini, "la meno cattolica delle città del mondo", saldamente ancorata a un costume pagano, precristiano. Il leggendario Geronzi di Capitalia deve comunque scendere a patti con la globalizzazione dei mercati finanziari e scegliere fra gli assalti stranieri, il rischio di fusioni, o la corte del milanese Profumo di Unicredit. Le grandi aziende della capitale – da Alitalia a Rai, le più barocche del pianeta – sono aviluppate più dei ministeri da una crisi forse fatale. Veltroni e il veltronismo, la politica romana insomma, più che esercitare un potere lo rappresentano, muovendosi con cautela nella mappa degli interessi cittadini.

"Non esistono più le classi sociali," ragiona lo scrittore Vincenzo Cerami. "La borghesia raccontata da Moravia è sparita nell'indistinto del generone, polverizzata nel rito dei circoli. La plebe romana, che era rimasta uguale dai tempi del Belli, è scomparsa anche lei, omologata dal consumismo come aveva annunciato Pasolini. La nobiltà, infine, è soltanto pittoresca." L'essenza del potere è nel culto barocco dell'immagine, ecumenico, comune alle oligarchie indigene e importate, laiche e religiose. Per riassumere con una battuta di Giulio Andreotti, il più "romano de Roma" dalla morte di Sordi: "Significa che l'altro giorno sono andato a un raduno di cattolici e mi sono domandato per tutto il tempo chi fra Veltroni e Sodano fosse il sindaco e chi il cardinale".

Roma ha assorbito benissimo in poco tempo l'ondata di antipolitica e antiromanità. Oggi nessuno riesce più a distinguere, nei languidi riti della buvette di Montecitorio, un berluscones o un leghista da un vecchio deputato democristiano. Bossi e Maroni sono diventati veri politicanti da accordo sottobanco, Berlusconi si è adattato per naturale propensione alla capitale, scenario perfetto di una politica-spettacolo. Quando ha ristrutturato Palazzo Chigi da premier, l'ha disseminato di opere di maestri barocchi della falsa prospettiva. "Si è molto romanizzato," ammette Fedele Confalonieri. "Da anni si fa portare a spasso da Gianni Letta," aggiunge con malizia un collaboratore.

Il salotto televisivo romano ha omologato ogni spinta ideale, buona o cattiva, in un canovaccio rituale, l'ha precipitata in un Seicento con uso di tecnologia dove conta soltanto la ricerca dell'"effetto sorpresa". Nel rapido rovesciamento di sentimenti degli italiani nei confronti della capitale – "da Roma ladrona a Roma padrona," secondo la formula di Ilvo Diamanti – ha giocato un gran ruolo l'azione del sindaco: Walter Veltroni, che si era rifugiato al Campidoglio da sconfitto nel 2001 e promette di uscirne da futuro leader nazionale del Partito democratico, con sondaggi plebiscitari. Ora, il fenomeno Veltroni ha due tratti, il locale e il nazionale, anzi l'internazionale, viste la popolarità anche all'estero e le copertine dei settimanali stranieri. Il segreto locale, almeno il principale, è aver reso più sicure e vivibili le periferie, le terrificanti ex borgate romane. L'ordine, la sicurezza sono il terreno sul quale la sinistra europea sta perdendo o ha perso tutte le capitali, la prima ragione per cui il voto popolare delle vecchie "cinture rosse" corre impaurito a destra, da Parigi a Berlino, con la parziale eccezione di Londra. Veltroni è percepito come un uomo d'ordine ma senza le asprezze e i bracci di ferro di un Cofferati. E Roma è percepita dai cittadini e dai visitatori come la capitale più sicura d'Europa, insieme a Lisbona. "Non ho mai lasciato sole le periferie," si vanta lui, ed è vero alla lettera. L'ubiquità veltroniana in città è leggenda ("Aò, c'è de novo er sindaco!") e il "Times" scrive ammirato: "È letteralmente ovunque". Ma il segreto del successo esterno, universale, del Veltroni sindaco sta nel ruolo di gran cerimoniere del Neobarocco. Al culto dell'immagine Walter c'è portato per gusto, natura, cultura e nascita, romano e figlio di uno dei più geniali dirigenti della storia Rai.

Che cos'è in definitiva il Neobarocco? "La prevalenza dei valori estetici su tutto il resto," sintetizza Omar Calabrese. "Nei due sensi, il negativo e il positivo. La ridondanza spettacolare che maschera il vuoto, ma anche il pensiero complesso, il dubbio, l'assenza di fanatismo." La fine dell'etica, della politica, dell'economia per un eccesso di complessità, travolte allora come oggi dalla rivoluzione scientifica e tecnologica, il trionfo della finzione. Roma ne è il palcoscenico ideale. "Barocco è il mondo e il G. ne descrive la baroccaggine," scriveva Carlo Emilio Gadda nel commento alla *Cognizione*. Per capire l'Urbe veltroniana, culla di un evento quotidiano, vale la pena di leggere un mirabile saggio del poeta francese Yves Bonnefoy, *Roma 1630*. Le analogie non si contano. I fuochi d'artificio a Castel Sant'Angelo e le luminarie al Colosseo, i concerti gratuiti, le Notti bianche, le feste e i festival a tema: cinema, matematica, filosofia, letteratura, artisti di strada. Il prestigio sociale degli artisti, il fiorire continuo di mostre e nuove gallerie. È un miracolo continuo di Barocco sacro e profano, il moltiplicarsi delle chiese – settanta costruite dal Giubileo – e il raddoppio in cinque anni delle prostitute straniere sui viali. I rinnovati culti delle fontane e di Villa Borghese, con la Casa del Cinema, la riapertura della quadreria e il ritorno ai fasti della Casina Valadier, il nuovo Globe Theatre simil-shakespeariano. Il riaffiorare del sottosuolo romano, grazie ai lavori delle due nuove metropolitane che rimandano alle prime scoperte delle catacombe alla fine del XVI secolo. La stessa presenza di artisti, e in particolare grandi architetti, di tutto il mondo in una città dove non si costruivano opere pubbliche dai tempi del fascismo e che in un decennio inaugura o progetta l'Ara Pacis e la chiesa di Tor Tre Teste di Meier, l'Auditorium di Piano, la sede Alitalia di Rogers, la città dello sport di Calatrava, la *Nuvola* di Fuksas, la città dei giovani di Koolhaas ai Mercati generali, e ancora i progetti di Zaha Hadid, Gregotti, Decq, Aymonino. Tanta profusione di spettacolo spiega il ritorno di "Roma padrona" ma non risolve l'antica diffidenza degli italiani verso la capitale, che è una delle origini della "patria mancata".

In *Massa e potere*, Elias Canetti elenca i simboli in cui si identifica lo spirito nazionale nei vari popoli europei: la foresta per i tedeschi, la flotta navale per gli inglesi, la corrida per gli spagnoli, le montagne per gli svedesi. Ma quando arriva a noi liquida: gli italiani non hanno un simbolo di nazione perché "la presenza di Roma lo impedisce". Un curioso destino ha sempre fatto coincidere le epoche di splendore della capitale con la miseria del resto d'Italia. Si arricchisce dopo l'Unità e durante il fascismo, quando il paese si impoveriva. Il celebrato 1630, l'anno più felice e festoso del Barocco romano, coincide con il più nero della crudele storia italiana, quello della peste manzoniana che fa un milione di morti – in proporzione, più delle Guerre mondiali – e trasforma in enormi lazzaretti e cimiteri le altre capitali: Milano, Napoli, Genova, Palermo. Nel piccolo dei nostri tempi non tragici, la forte crescita dell'economia romana dal 2001 al 2006 – alla media del 4 per cento – è contemporanea al più lungo periodo di crescita zero del Pil nazionale. I "furbetti del quartierino", comprando e rivendendo palazzi, accumulano fortune quando il capitalismo produttivo va a rotoli. D'altra parte, Roma è immune dai drammi della deindustrializzazione per assenza dell'oggetto. I destini separati di nazione e capitale continuano a non incrociarsi mai. Ed è vero che i romani lo vivono meglio degli altri. In tanti anni non c'è mai stata una reazione alle campagne antiromane, accolte in città con sufficienza e sarcasmo, con l'olimpica superiorità testimoniata perfino nello striscione esposto dai tifosi romanisti nella trasferta a San Siro: "Quando voi vivevate nelle palafitte, noi eravamo già froci".

Ma accanto all'odio c'è sempre l'amore, l'altro nome di Roma. E in fondo i quattro grandi interpreti dell'anima barocca di Roma nei secoli, in pittura, architettura, letteratura e cinema, sono stati due milanesi di nascita – il Caravaggio e Gadda –, un terzo di formazione – il ticinese Borromini – e un padano come Federico Fellini. "L'essenza di Roma i romani non la vedono, soltanto chi arriva la coglie e se la porta con sé," conclude il poeta Valentino Zeichen. "Solo i viandanti capiscono che gli autentici cieli di Roma sono i soffitti dei palazzi barocchi."

Perugia capitale

Un viaggio in Umbria è sempre un viaggio nel tempo. Anzitutto, non bisogna aver fretta. Il cuore d'Italia ha il battito lento, la terra dove "la calma si trova a due passi dalla passione" (Musset) attira più pellegrini che turisti, non solo ad Assisi. In fondo, anche i milioni di visitatori di Umbria Jazz, di Eurochocolate, di Cantine aperte e della Marcia della pace sono pellegrini in viaggio verso santuari laici, disposti a perdersi nell'incanto dei paesaggi, nelle valli belle come quelle della Toscana, ma meno oleografiche, più ruspanti e segrete, di gran moda fra star come Sting e Bruce Springsteen che hanno appena traslocato famiglie e clan dal Chiantishire a Montone.

Ed è un viaggio nelle epoche, in una regione sospesa fra Medioevo e futuro. Come la pittura umbra, che salta dal Perugino a Burri. Perugia, la "Oxford italiana" di Indro Montanelli, con la sua Università antica di sette secoli, le mura alte e perfette, la Rocca Paolina, è un museo vivente ma anche il laboratorio sociale di un melting pot all'italiana. L'Università per stranieri è il miglior ponte culturale fra Italia e Cina – per non dire l'unico, visto che qui studia la metà degli studenti cinesi presenti nel nostro paese.

L'euforia di un'aria pulita, il carezzevole tratto degli orizzonti, lo splendore dell'arte, il profumo stordente dei fiori e delle utopie, tutto rende questa terra a prima vista paradisiaca. Perfino la globalizzazione in Umbria è stata dolce. È arrivata prima che altrove, con i due colossi industriali, la Buitoni-Perugina e le acciaierie di Terni, finite nelle mani rispettivamente di Nestlé e Krupp. In compenso, la perugina Colussi è diventata una multinazionale e fa shopping nel mondo dei marchi (Misura, Liebig, Sapori, Flora), mentre le medie imprese innovative si sono organizzate per rispondere con guizzi di originalità: oggi c'è chi vende frigoriferi agli eschimesi, legno ai canadesi, energia solare agli spagnoli, cioccolato agli svizzeri, cachemire agli indiani, jazz agli americani.

Perugia è fra le più misteriose e affascinanti medie città italiane. Per due volte ha rischiato di divenire un grande centro politico: al principio del Quattrocento, quando il più feroce dei suoi figli e forse dei capitani di ventura, Braccio da Montone, progettò di farne la sede del governo di un regno del Centro Italia, scatenando l'ira dei papi; poi nel Risorgimento, quando – come ricordano Federico Chabod e Giuseppe Galasso – i padri della patria meditarono per qualche mese sull'ipotesi di una Perugia alternativa a Roma, troppo gravida di storia e di corti papaline. E chissà che Italia sarebbe stata, con una capitale tanto centrale eppure così fuori mano.

La vendetta di Perugia è di essere diventata comunque capitale, nei fatti, dell'intera e sterminata provincia italiana. Qui si concentra il meglio e a volte il peggio della vita nazionale. Bellezza e violenza, cosmopolitismo e campanile, talento e furbizia. Contraddizioni, tante. La più alta aspettativa di vita per gli anziani e il più alto numero di morti per droga fra i giovani. Un'esemplare gestione del centro storico, dove le scale mobili hanno abolito il traffico, e un caotico ingorgo alle porte. Il perfetto restauro dei monumenti e la speculazione selvaggia delle periferie. E così via.

Il cuore cittadino – piazza IV Novembre, una delle più belle d'Europa – è la perfetta rappresentazione dell'idea di Comune, comunità, partecipazione. I due palazzi del potere laico e religioso, il Palazzo dei Priori e la Cattedrale di San Lorenzo, equidistanti ed equivalenti; nel mezzo, la splendida Fontana Maggiore di Nicola e Giovanni Pisano, capolavoro duecentesco. Ma come ti addentri nelle vie laterali e penetri l'essenza cittadina, capisci che la mappa del potere è tutt'altra, oscura e indecifrabile, dispersa in un groviglio di circoli chiusi come fortezze, con una massiccia presenza della massoneria: trentaquattro logge in una città di centosessantamila abitanti. Una spartizione consolidata assegna il potere politico al Pci ed eredi e quello economico ai circoli massonici, in prevalenza di destra. Nel potere economico, va da sé, spicca quello dell'Università, con le sue consolidate baronie e la parola finale su tutti gli affari locali.

È diviso in feudi il potere nell'informazione, con i due quotidiani di Perugia, "il Giornale dell'Umbria" e il "Corriere dell'Umbria", in mano a due cementieri, entrambi eugubini – il gruppo Colaiacovo (colosso con tremila dipendenti) e il concorrente Barbetti –, che li usano per farsi la guerra, proprio come nei versi di Toti Scialoja: *"Il sogno segreto / dei corvi di Orvieto / è mettere a morte / i corvi di Orte"*. Con una netta prevalenza di Carlo Colaiacovo, il cui feudo comprende – in omaggio al conflitto d'interessi – anche tre tv locali, la presidenza dell'Associazione industriali e della Fondazione bancaria.

Eppure, nel Medioevo umbro si aprono di continuo squarci di futuro. Non c'è forse un'altra regione in Italia, per esempio, dove si incontrino altrettante donne ai posti di comando. Tutte idealmente eredi di Luisa Spagnoli, la pioniera che nel 1907 fondò la Perugina, inventò il celebre Bacio – si dice per amore di Francesco Buitoni – e poi la celebre catena di negozi, oggi gestita con talento dalla pronipote Nicoletta. Sono le sorelle Teresa e Chiara a guidare le cantine Lungarotti, colosso del vino. Una quarantenne di Foligno, Catia Bastioli, amministratore delegato della Novamont, ha progettato una plastica biodegradabile e per questo è candidata al premio di Inventore europeo dell'anno. Sono donne i sindaci di Todi e Città di Castello – rispettivamente, Catiuscia Marini e Fernanda Cecchini –, la rettore dell'Università per stranieri – Stefania Giannini – e naturalmente lei, la "regina dell'Umbria", il governatore Maria Rita Lorenzetti. Contraria alle quote rosa perché non ne ha mai avuto bisogno. A meno di trent'anni era sindaco di Foligno, a trentacinque presidente della Commissione parlamentare dell'Ambiente, a quaranta (nel 2000) prima e unica governatrice d'Italia, riconfermata nel 2005 con un plebiscito – il 63,2 per cento, record nazionale. A conferma di una regione al femminile, come testimonial della Regione Umbria si è offerta Monica Bellucci, nata a Città di Castello.

La popolarità della "regina" Lorenzetti si spiega con la ricostruzione dopo il terremoto del 1999 e con la fama di politico più antiberlusconiano d'Italia per via di alcune clamorose polemiche con l'ex presidente del Consiglio: sulla marcia Perugia-Assisi, sul 25 Aprile e, appunto, sul terremoto. "Quando crollò quella scuola in Molise, Berlusconi ebbe il coraggio di dire: 'Non faremo come l'Umbria'. Perché non viene adesso a vedere come sono stati restaurati i borghi, più belli di prima?" Tutto vero, con qualche eccezione. Per esempio, il centro storico di Nocera Umbra, ancora in macerie. "Guarda caso, l'unico dove c'è un sindaco di destra," risponde lei pronta. "Siamo circondati da una fama di regione vecchia, bella ma immobile. I problemi ci sono, a partire dall'invecchiamento della popolazione: duecentomila pensionati su ottocentocinquantamila abitanti. Ma guardi Perugia, il modo in cui ha integrato gli stranieri, eliminato il traffico cittadino, inventato manifestazioni di successo nel mondo. Provi a visitare i nuovi distretti tecnologici verso il Trasimeno, a parlare con i giovani imprenditori, e vedrà che stiamo vivendo una piccola rivoluzione."

Seguo il consiglio e a una decina di chilometri da Perugia, vicino a Corciano, visito quella che è forse la più piacevole fabbrica del mondo, la Cucinelli. Un borgo del Trecento, Solomeo, restaurato con amore, dove le operaie lavorano nei casolari, all'ombra degli affreschi, guadagnano il doppio delle colleghe dei maglifici senza mai fare un'ora di straordinario e mangiano in una mensa da Gambero Rosso. Brunello Cucinelli, quarantatré anni, è il re del cachemire: ha negozi da Porto Cervo a Shanghai ed esporta in tutto il mondo, dagli Stati Uniti al Giappone, ora anche in Cina e India. Ma è l'esatto contrario dell'esangue e manierato stilista. Figlio di contadini, un passato di estremista, ha l'aria del francescano di sinistra e ricorda da vicino Mario Capanna. La sua rivoluzione l'ha fatta con i colori e il cachemire, ma ora si preoccupa di "restituire alla società una parte della [sua] fortuna". Ha salvato Solomeo dalla distruzione, adesso pensa a costruire un teatro neoclassico – che Luca Ronconi dovrebbe inaugurare –, parchi per la meditazione religiosa, fondazioni benefiche. Cita sant'Agostino, san Benedetto e Aristotele molto più di quanto non parli del bilancio consolidato o delle sfilate milanesi. In maniera perfino sospetta, per uno che aumenta il fatturato del 20 per cento all'anno. È presidente dei quindici teatri umbri, uno più bello dell'altro, e dello Stabile di Perugia. Come quasi tutti gli industriali umbri, coltiva uliveti e vigne. "L'amore per il territorio era un lusso e oggi è diventato un marchio di garanzia nei mercati internazionali."

Un altro imprenditore-filosofo è Gianluigi Angelantoni, erede di Giuseppe, a capo di un'altra fabbrica-convento – sullo splendido Cimacolle davanti a Todi – che è un gioiello della tecnologia italiana. L'Angelantoni è specializzata in ingegneria del freddo, ha costruito simulatori ambientali usati in cinque continenti, il più avanzato simulatore per testare i satelliti – venduto all'India e inaugurato nel febbraio 2007 a Bangalore durante il viaggio di Prodi –, il sistema per conservare l'Uomo del Similaun e altro ancora. La prossima scommessa di Gianluigi Angelantoni è il progetto Archimede, in collaborazione con il premio Nobel Rubbia. "È un nuovo sistema di produzione di energia solare mutuato dallo stesso concetto degli specchi ustori di Archimede," spiega. "Sarà destinato ad abbattere i costi dell'energia solare. Gli spagnoli l'hanno già prenotato su vasta scala. In Italia, come sempre, siamo molto prudenti..."

La terza tappa dell'Umbria Jazz Economy mi porta in una specie di giardino dell'Eden, a Montefalco, la terra del Sagrantino. Le industrie Caprai, settore tessile, hanno trasformato in business il tradizionale hobby degli industriali umbri, la vinificazione. Marco Caprai ha investito nel Sagrantino, vino originalissimo e fra i migliori d'Italia, quando nessuno ci credeva. Il risultato è un boom paragonabile a quello del Brunello negli anni novanta. È appena tornato dalla California, dove due produttori gli hanno chiesto una consulenza per riprodurre il Sagrantino: "Ho semplicemente capito che prima o poi la gente si sarebbe stufata di bere soltanto Merlot, Cabernet e Chardonnay, bastava aspettare e resistere".

Al ritorno a Perugia incontro Eugenio Guarducci, quarantadue anni, erede dei grandi e astuti mercanti umbri. È l'uomo che ha inventato Eurochocolate: un milione di visitatori, una sagra del cioccolato moltiplicata per mille. "Sono uno che ha inventato l'acqua calda," dice lui. "Che cosa ci voleva? Perugia è la città dei baci di cioccolato, la capitale della dolcezza. La città è bellissima e gli stranieri ci vengono sempre volentieri. Bastava soltanto mettere i manifesti." Peccato che nessuno ci avesse pensato prima. Dopo il successo di Eurochocolate, anche gli svizzeri si sono accorti di non averci pensato prima e hanno chiamato Guarducci per organizzare la Festa europea del cioccolato. Intanto a Perugia, con gli incassi della fiera, lui ha aperto un centro congressi e una catena di alberghi tematici: uno dedicato, naturalmente, al cioccolato, un altro al vino e il terzo, appena inaugurato, al jazz.

Grazie ai Cucinelli, Angelantoni, Caprai, alla vivacità dell'imprenditoria al femminile, l'Umbria cresce più del resto d'Italia e ha l'indice di disoccupazione più basso a sud della Pianura padana. Qualche anno fa Ernesto Galli della Loggia, il deputato ds Alberto Stramaccioni e il giornalista Sandro Petrollini hanno dedicato un pamphlet a tre voci (*Rossi per sempre*) all'Umbria come metafora del declino nazionale. Se questo è il declino, ci possiamo stare.

Ancona, modello Marche

L'Appennino in Italia divide dall'Europa più delle Alpi. Da Ancona a Firenze passano centosessanta chilometri in linea d'aria e quattro ore di viaggio, in auto, treno o aereo. Quando va bene – non c'è troppo traffico, il treno non porta ritardo – si riesce a imbroccare la coincidenza nel caos di Fiumicino. Si spendono meno tempo e danaro per raggiungere da Falconara il centro di Londra o Bucarest. La barriera economica e sociale è ancor più netta. C'è una linea di crisi occidentale da Genova a Palermo, la crisi delle partecipazioni statali. Parallela corre la direttrice dello sviluppo adriatico, da Trieste al Salento. Ancona è al centro esatto, nel cuore del "modello marchigiano", il Sud del Nord o il Nord del Sud, nel senso che si lavora e si guadagna molto ma si campa bene. Un milione e mezzo di abitanti e ventotto distretti industriali: come la Lombardia, due più del Veneto, ma senza l'orrore dei capannoni, lo squallore delle periferie, i fiumi puzzolenti e verdognoli. Fabbriche e uffici hanno mantenuto le due ore di pausa pranzo, perché per il marchigiano la tavola è sacra e l'anconetano non rinuncia neppure alla passeggiata in spiaggia. Ancona, dal greco *ankon*, è appunto un "gomito" circondato d'acque. Il sole sorge e tramonta nel mare.

"Se si cerca un valore medio italiano," dicono al Censis, "bisogna andare ad Ancona." È la città campione di mille ricerche di mercato, il test nazionale di un nuovo giornale, una linea d'abbigliamento, un film o una tournée teatrale. Le Marche sono del resto la porta sociologica della grande provincia italiana, il termometro di un'economia nazionale fondata sulla capacità di esportare delle piccole e medie imprese. Eppure non fanno notizia.

Quando Nanni Moretti decise di girare ad Ancona uno dei suoi film più belli – l'unico non romano –, *La stanza del figlio*, amici e cinefili lo salutarono come se partisse per la Macedonia. "'Perché ha scelto proprio Ancona, dove non c'è nulla?' mi hanno chiesto per anni i giornalisti," ricorda oggi il regista. "Per la verità era la stessa domanda che trovai in città: 'Perché Ancona?'. E quando rispondevo la verità, che cercavo una città di mare senza troppa personalità, come sarebbero state Trieste o Venezia, o Genova, o anche Livorno, gli anconetani invece di offendersi sembravano sollevati. Davvero non esagerano in autostima." Rassicurati sul loro anonimato, gli anconetani si sono messi al lavoro per accontentare Moretti, che non è sempre facile. Una sera, a cena dal sindaco Fabio Sturani, Nanni guardandosi intorno osservò: "Ecco, questa è la casa che cercavo. Non potrebbe cedermela?, non per tanto, un mesetto". Era il "mesetto" di campagna elettorale e il sindaco, fra mille dubbi, finì ovviamente per rifiutare.

Il marchigiano è un tipo d'italiano non premeditato, immune dalla retorica e dal gran mito del "farsi furbi". "La nostra è una società che si fonda sulla reputazione e non sull'immagine" è la sintesi di Diego Della Valle. Il riferimento a Berlusconi non è casuale. Ecco, nello scatto di Della Valle il 18 marzo all'assemblea di Vicenza contro il comizio sciatico di Berlusconi c'era poco calcolo e molta franchezza marchigiana. "Ci insultava a casa nostra. Mi sono guardato in giro e tutti mi facevano cenni prudenti, compreso il mio amico Montezemolo. Mi sono messo a urlare da solo 'Piantala, buffone!'. Perché gente che da trent'anni viaggia per il mondo con la valigia dei suoi prodotti doveva prendere lezioni di liberismo da uno cresciuto e pasciuto alla sottana della politica? I marchigiani si sono davvero fatti da soli."

L'intera regione si è fatta da sola. Poverissimi nel dopoguerra, i marchigiani si sono inventati un'industria che non c'era, un lavoro, un modo di produrre, un'infinità di marchi diventati famosi nel mondo (Indesit, Ariston, Scavolini, Tod's, Hogan, Frau, Cartiere Fabriano, Elica) pur di non dover emigrare da una terra amatissima. È l'epopea del "modello marchigiano", come l'aveva battezzato Giorgio Fuà, il padre fondatore dell'Istituto Adriano Olivetti di Ancona, dove si è formata tutta la classe dirigente, dai fratelli Merloni ai Guzzini, ai Della Valle. Fuà è stato uno dei protagonisti dell'ascesa italiana da nazione in macerie a potenza industriale. La sua biografia racconta bene l'anima divisa in due dei marchigiani, giramondo e provinciali, "glocal" si direbbe oggi. La prima metà è stata un'avventura. Genio precoce, costretto all'esilio in Svizzera dalle leggi razziali, Fuà torna nell'Italia liberata e collabora in sequenza con Adriano Olivetti ed Ernesto Rossi, poi all'Onu con Gunnar Myrdal, quindi all'Eni di un altro grande marchigiano, Enrico Mattei. A quarant'anni, quando potrebbe scegliere se insegnare a

Harvard o dirigere una multinazionale, decide di tornare a insegnare ad Ancona, dove non c'è neppure l'Università. L'inventa quasi da solo, il Politecnico delle Marche, e si inventa pure il master in gestione aziendale – prima della Bocconi, in pieno Sessantotto –, poi non si muove più fino alla morte, nel 2000, nella sua casa in collina, fra i due mari, quello dell'alba e quello del tramonto.

L'eroe del modello marchigiano è il "metal-mezzadro", il contadino-operaio che lavora a domicilio per l'industria negli intervalli della fatica nei campi, sposando antico sapere artigianale e ritmi da cottimo. Tutti i fondatori delle dinastie industriali erano "metal-mezzadri". Ancora oggi nelle case dei distretti di Ancona o Macerata, dove si produce Tod's ma anche Prada, Gucci o Calvin Klein, le famiglie ti accolgono in salotto con un bicchiere di rosso mentre la nonna nell'altra stanza cuce i vestiti e il padre fa i tacchi in garage. Il campo è stato venduto ma è rimasto l'orto, vero vanto di famiglia. "Zucchine così non le trovi al supermercato!" Il bello è che anche le seconde generazioni – laureati e con il master all'estero, magari dirigenti di qualche filiale in Indonesia o in Russia – quando tornano a casa curano l'orto o gli ulivi e ti invitano a cena a gustare l'olio del frantoio, i pomodori appena colti. Il brutto è che intorno agli orti di famiglia negli ultimi anni si sono consumate autentiche tragedie, perché sempre più spesso sono i figli o i nipoti manager in "risorse umane" a dover tagliare i posti di lavoro di padri, nonni, zie.

La delocalizzazione qui ha picchiato duro. Fabbriche prese e portate in Cina, India, Russia, Polonia, Balcani, gloriose filiere cancellate. "Il rischio è che in pochi anni nessun prodotto venga più fabbricato materialmente nelle Marche, ma in nuovi distretti clonati in giro per il pianeta," spiega l'economista Paolo Pettenati, allievo di Fuà e ora presidente dell'Istao. "A furia di esportare merci, stiamo esportando anche il lavoro." Finora l'occupazione ha retto a livelli da Nordest – soltanto il 3,5 per cento di disoccupati contro il 6,1 nazionale –, grazie all'incredibile capacità dei marchigiani di adattarsi al mercato del lavoro. Chiudono le cartiere, le fabbriche di mobili o di strumenti musicali, gli stabilimenti di scarpe a basso costo? Gli operai studiano la sera e si riciclano come progettisti, i ragazzi si impiegano nelle agenzie turistiche. Gli artigiani del legno e del cuoio trovano lavoro nei cantieri navali e ne fanno la fortuna, perché ormai da tutto il mondo vengono qui a farsi fare gli yacht di lusso, quelli da cinquecentomila euro al metro. Nelle Marche sono riusciti a trasformare in industria perfino il teatro, fonte di perdite ovunque. In una regione che ha un terzo degli abitanti della grande Roma, vivono settantasei teatri, quasi tutti all'italiana, ben restaurati, che si trasformano all'occorrenza in sale prove, studi televisivi o centri cinematografici. Un'intuizione di Giampiero Solari, grande regista teatrale peruviano ma pesarese d'adozione, consigliere alla Cultura della Regione, oltre che principale autore di varietà della Rai. "In questi anni siamo diventati una capitale dello spettacolo, qui sono nati gli show di Fiorello e Giorgio Panariello, le tournée di Vasco Rossi e Ligabue."

Ma la vera partita le piccole Marche ormai la giocano nei rapporti con il mondo. In nessun altro posto d'Italia capisci così bene l'intreccio fra la micro e la macroeconomia, la provincia e la globalizzazione dei mercati. Capito ad Ancona un qualsiasi martedì e in città non trovo nessuno. Il sindaco e il vescovo Menichelli sono a Roma in udienza dal papa per organizzare il pellegrinaggio a Loreto e il governatore Gian Mario Spacca è a Bruxelles per illustrare il modello regionale di sostegno alle imprese; due fratelli Merloni, Vittorio e Antonio, sono in giro per le filiali europee e il terzo, l'ex ministro Franco, è in missione in India con Romano Prodi; Diego Della Valle è a New York a inaugurare un negozio, i Guzzini sono segnalati in Cina. Certo, basta aspettare un paio di giorni e tornano tutti.

Le grandi famiglie industriali hanno mantenuto un forte rapporto con la terra marchigiana, ma gli affari sono altrove. I tre Merloni vivono su tre colline di Fabriano e su una montagna di fatturati esteri. Sono al comando di imperi ormai distinti: l'Indesit di Vittorio, con vendite per due miliardi di euro all'anno, la Termosanitari di Franco, che ha ceduto il timone al figlio Paolo, e la Antonio Merloni, uno dei maggiori terzisti d'Europa. La metà dei dirigenti sono ancora marchigiani ma gli stabilimenti sono quasi tutti emigrati, fra i primi in Italia. Vittorio Merloni sorride della recente scoperta dell'Est, della Cina: "Sono cittadino onorario cinese da vent'anni e ho inaugurato le prime fabbriche in Russia prima della Fiat". Le relazioni delle Marche con l'Oriente sono cominciate con il gesuita Matteo Ricci, che alla fine del Cinquecento sbarcò in India e per primo tradusse il Vangelo in cinese. Nella Cina di Mao, i milioni di cappelli di paglia dei contadini arrivavano dal distretto di Montecappone, nel Maceratese. Per Vittorio Merloni non esistono alternative alla delocalizzazione: "La regione è piccola e la dispersione produttiva, che è stata un vantaggio, oggi è un limite per le grandi imprese. Le Marche sono l'unica regione rimasta al plurale, a differenza di Abruzzo o Puglia, non a caso. Il modello marchigiano è destinato per sua natura a un'evoluzione continua e ora siamo nel passaggio al terziario".

Chi non sposta le fabbriche (finora) è Diego Della Valle. Se lo può permettere dall'alto di utili formidabili e in crescita anno dopo anno. Lo incontro nella nuova sede di Casette d'Ete, progettata dalla moglie Barbara Pistilli: ventitremila metri quadri, una via di mezzo fra un museo d'arte contemporanea e un campus californiano. Fra sculture pop, quadri di Nara Yoshimoto e la scocca della Ferrari di Schumacher campione del mondo nel 2000, un posto d'onore è riservato al tavolo da ciabattino di nonno Filippo, l'origine di tutta la fortuna. Il padre di Diego, Dorino, gira in tuta per i laboratori, distribuisce consigli, si ferma a parlare con il caporeparto Toni Ripani, addetto a controllare la "reputazione" delle scarpe, che conosce fin da bambino. "Dove potrei ricreare tutto questo?" si interroga Diego Della Valle, e mi spiega la sua teoria sul futuro prossimo: "Si tratta di resistere un paio d'anni. Il cinese che oggi ci fa concorrenza, copia i modelli e li fa produrre a un quinto dei costi domani sarà un borghese ricco, molto più ricco degli occidentali. E allora vorrà comprare un made in Italy che sia davvero fatto in Italia. Ai ritmi di crescita della Cina, questo processo sarà velocissimo. Un paio d'anni, forse tre, e sul mercato si presenteranno centocinquanta milioni di cinesi con il livello di consumo più alto degli europei. Chi avrà resistito sarà premiato".

In due anni può succedere molto in una regione dall'apparenza immobile, con paesaggi ancora raffaelleschi ma con un'economia da camaleonte. Chi avrebbe detto soltanto due anni fa che la piccola Elica di un geniale imprenditore, Francesco Casoli, sarebbe diventata leader mondiale delle cappe da cucina, conquistando la metà del mercato europeo? "Sento parlare di crisi del modello Marche da quando ero bambino," ricorda il governatore Spacca, "ma la crisi è l'essenza del modello, il motore di una trasformazione e di una creatività senza soste." La politica nazionale qui la fanno direttamente le grandi famiglie, Casoli è senatore di Forza Italia, Maria Paola Merloni – figlia di Vittorio – è deputata di Prodi, di casa a Fabriano. Neppure qui, evidentemente, il conflitto d'interessi è un problema. La politica locale è invece un'altra delle medie imprese che funzionano, "senza le vanterie degli emiliani". Il sindaco di Ancona, Fabio Sturani, molto amato e rieletto con il 60 per cento dei voti nonostante l'uscita del 12 per cento di Rifondazione, progetta di puntare tutto sullo sviluppo del porto: "È il secondo dell'Adriatico, con un milione e mezzo di passeggeri, ma potrebbe anche raddoppiare i volumi. Si tratta di resistere due o tre anni? Dobbiamo spostare l'attenzione dai distretti interni al mare". Ora che la rotta di Marco Polo è tornata a contare più di quella di Cristoforo Colombo, Ancona può puntare molto sulla sua vocazione naturale ad abbracciare Occidente e Oriente con un solo sguardo.

Firenze senza principe

A Firenze non accadono fatti, si tramano complotti. Ogni singolo episodio di cronaca, banale agli occhi del forestiero, nella fantasia dei fiorentini si trasfigura in una nuova pagina di un romanzo che va avanti da secoli. Un po' come i simboli esoterici sparsi in città, i "13" che spuntano a caso nelle strade, retaggio della capitale storica della massoneria italiana. Basta girare una settimana in città con la domanda "Chi comanda a Firenze?" per raccogliere una valigia di dicerie, leggende metropolitane, intrighi, congiure, più una dozzina di versioni sul "vero" mostro di Firenze – non richieste ma utili a capire antichi odi corporativi, per cui gli avvocati indicano sempre un magistrato o un poliziotto, l'infermiere del Careggi narra di un anziano chirurgo, le famiglie di industriali accusano l'aristocrazia e viceversa. Tanto da far venire la tentazione di lasciar perdere l'inchiesta e provare con il genere noir. Sull'esempio dell'ultimo capo della squadra antimostro, il messinese Michele Giuttari, che dopo sette anni di indagini si è eletto vittima dei poteri occulti cittadini, ha buttato all'aria le decine di faldoni e le prove, scarse, e si è messo a scrivere macchinosi gialli fiorentini, tradotti in tutto il mondo, dai quali sembra di capire che il "vero mostro" sarebbe stato ovviamente il suo superiore. Pierluigi Vigna, da buon fiorentino, ci ride sopra: "Chiaro che fossi io. Elementare, Watson!".

Chiunque arrivi da fuori capisce subito che il marchio Firenze – la parola italiana più conosciuta negli Stati Uniti, più di "Roma" e di "pizza" – si vende che è una meraviglia. Si pensi al *Codice da Vinci*, o ad *Hannibal*, il seguito del *Silenzio degli innocenti*. Dove si rifugia Hannibal "the Cannibal" Lecter dopo la fuga dal manicomio criminale? Ma a Firenze, si capisce, dove l'antropofago è fraternamente accolto dalle famiglie nobili, fa carriera come bibliotecario a Palazzo Capponi e, già che si trova, vendica i Medici impiccando per le budella un discendente dei Pazzi. Il vecchio giglio fiorentino funziona con tutto, cattiva letteratura ma anche belle scarpe. L'hanno capito Diego e Andrea Della Valle, che si sono precipitati a raccogliere i resti della squadra di calcio lasciata fallire dai ricchi fiorentini e hanno speso per comprare Toni e compagni, ma intanto con il "brand Florence" le Tod's vendono il doppio all'estero e il triplo in America e in Cina.

Se si prova a rimanere alla più modesta cronaca, la realtà è che a Firenze i famosi "poteri forti" non esistono più. Il dramma di una città che affronta – parola del sindaco Domenici – "la più grande trasformazione dai tempi di Firenze capitale" è quello di sempre: manca il Principe. Un Lorenzo de' Medici, una forza, un partito che interpreti l'interesse generale e si prenda la responsabilità di decidere un futuro in bilico fra declino museale, tendenza Venezia-Disneyland e un nuovo Rinascimento capace di riportare qui le intelligenze sparse per il mondo. La mappa dei poteri è dispersa in mille rivoli, perfino le logge massoniche si combattono e i fiorentini continuano a litigare sotto il cappuccio. Ci sono tanti feudi: la moda dei Gucci e dei Ferragamo, l'edilizia con i Fusi, ex Pontello, i nobili vinificatori Antinori e Frescobaldi, le assicurazioni finite in mano a Ligresti, la Cassa di Risparmio, l'ultima grande industria della Nuovo Pignone di proprietà americana, la miriade di piccole imprese, il commercio, ma ciascuno suona per conto proprio e la voce della città si perde in un'assordante prova d'orchestra.

Un tempo il Principe era il Pci, bastava una telefonata da Roma per aprire o chiudere un grande progetto. Ora nemmeno nella rossa Toscana comanda la politica, semmai comandano le Coop. L'unico Principe di Firenze non lo trovi nei palazzi del potere politico, e tanto meno nelle dimore nobiliari, ma in una Casa del popolo a giocare a scopone o in un ufficetto in via Santa Reparata. Si chiama Turiddo Campaini, un omino esile come un giunco ma dall'anima d'acciaio che da oltre trent'anni comanda l'Unicoop Firenze, un impero. Un milione di tesserati su un bacino di due milioni e trecentomila abitanti (la Toscana dell'interno), due miliardi e mezzo di fatturato all'anno, ventimila dipendenti con l'indotto, una crescita del 5 per cento contro lo zero virgola dell'economia regionale. Campaini è senz'altro uno dei grandi dirigenti industriali d'Italia e l'uomo più potente della città, catapultato ai vertici nazionali della cooperazione dall'eclissi di Consorte. Il suo voto è decisivo nei consigli d'amministrazione di Finsoe, la finanziaria rossa, e del colosso bancario Monte dei Paschi. Con tutto ciò, vive come un medio impiegato del catasto. Avete presente i cinquanta milioni di euro scoperti dai magistrati sui conti esteri di Giovanni Consorte e Ivano Sacchetti, i furbetti del quartierino rosso, più gli altri che spuntano ogni mese (l'ultimo da nove milioni e mezzo)?, e ancora i ranch nella campagna emiliana, la villa in Sardegna per i party in barca con Gnutti e Fiorani, i quadri d'autore, i gioielli, gli allevamenti di cavalli? Ecco, Turiddo veste ai grandi magazzini, guida un'Audi vecchia di dodici anni e si concede una settimana di ferie all'anno, con biglietto aereo last minute comprato su internet. Se si tratta di una recita, allora è il più grande attore italiano.

La storia di come sono fallite le grandi scalate dei furbetti Fiorani e Coppola, Consorte e Ricucci, alle casseforti del paese è tutta da scrivere. Non saranno le aule di giustizia a farlo. E tanto meno l'informazione, concentrata a guardare dal buco della serratura delle intercettazioni soltanto gli aspetti folkloristici della banda del quartierino, i "baci in fronte" di Fiorani al governatore Fazio, la love story di Stefano Ricucci e Anna Falchi, il "facci sognare" di D'Alema a Consorte. La verità è che un accordo bipartisan fra potentati politici ed economici si stava spartendo l'Italia, con le banche e i giornali del Nord – a partire dal "Corriere della Sera" – in mano agli alleati di Berlusconi e della Lega e le banche e i giornali del Centro controllati dall'asse Ds-Cooperative. Firenze è stata una terra di confine dove si è combattuta una sorda e feroce battaglia, dai tratti rinascimentali, fra le due fazioni. Le Cooperative toscane si erano messe di traverso. Per idealismo, fedeltà ai princìpi, lotta politica? Va' a sapere.

Si racconta che una sera a cena nel privé del Cibreo ("il covo dei rossi", secondo "La Nazione") Campaini sia arrivato a puntare il dito in faccia a Massimo D'Alema, davanti all'esterrefatto sindaco, intimando: "Finché campo, questa cosa non si farà!". La "cosa", la scalata alla Bnl, difatti non si fece. "Nulla di personale," ragiona oggi, "ma le Cooperative non possono diventare una merchant bank, altrimenti si cambia nome e, per quanto mi riguarda, dirigenza. Per anni si è discusso se prendere una banca e nessuno che si chiedesse: 'Sì, ma per farne che cosa?'. Si fosse trattato di fare come per i supermercati – combattere il carovita, i prezzi delle polizze, fare insomma finanza popolare – ci si poteva stare. Certo non serviva la Bnl, che è un ministero romano con troppi dipendenti e pochi sportelli. Ma se si tratta di speculare, meglio tornare al nostro mestiere."

Il mestiere dell'Unicoop è tenere sotto controllo l'inflazione toscana, bassissima nonostante il turismo, e di legare con un filo rosso il più diffuso associazionismo e il più generoso volontariato d'Italia. Mentre le famiglie ricche fiorentine discutono per mesi se adottare a distanza un bambino, l'Unicoop ha adottato a distanza mezzo Burkina Faso, disseminando il più povero paese dell'Africa di campi di fagiolini che arrivano negli scaffali dei supermercati, insegnando agli orfani dell'Aids a fare la pizza. È il primo datore di lavoro a Betlemme, dove gli artigiani palestinesi fabbricano presepi distribuiti in mezzo mondo e ora anche coltelli. A parte questo, certo le Coop fanno affari, e grandi. Costruiscono, appaltano, fanno compromessi e si sono tuffate nel grande gioco dell'espansione edilizia tra Firenze e Prato.

Nel cuore di Palazzo Vecchio si trova l'altro capo della "nomenklatura rossa", il primo cittadino Leonardo Domenici, che ha riattizzato una divisione fra guelfi e ghibellini. Metà città lo considera "un gran ganzo", l'altra metà un rompiscatole con l'aria del granduca. È un dalemiano antropologico, di quelli che considerano l'antipatia una missione. A Campaini si attribuisce la battuta: "Comunque l'è Domenici, mica de' Medici". La sua stanza è una metafora perfetta. È il più bell'ufficio d'Italia, ma anche il meno adatto al lavoro di un sindaco. Inciampando fra tappeti, arazzi e veti incrociati, Domenici, che non è erede della tradizione diplomatica fiorentina, prova ad ascoltare le cento fazioni, si stufa presto e finisce sempre per decidere da solo, a fondo e contro tutti. L'ultima volta è stato con la tramvia. A parole tutti d'accordo, destra e sinistra, costruttori e ambientalisti, turisti e residenti. Ma non si riusciva mai a partire, in una città dove lo spostamento di una panchina provoca l'immediata costituzione di un comitato di quartiere, presto destinato peraltro a scindersi in due fazioni rivali. Ne sono sorti cinquanta in pochi anni. Il primo costruttore fiorentino, e fra i primi del paese, Riccardo Fusi, che ha rilevato la storica Pontello ed è padrone di mezza Firenze, lamenta: "Lavoriamo in tutta Italia, ma qui da noi il dibattito su un progetto dura almeno quindici anni, con il risultato che quando l'opera è finita è già vecchia". La città aveva appena cominciato ad assaporare la polemica sulla tramvia, anche questa del Fusi, quando il sindaco ha sguinzagliato per i quattro angoli i tecnici comunali, con rotella metrica e gesso per segnare: "Questo va via, quello si butta giù. Qui passa il tram". Scene di panico, insurrezione dei comitati, fiaccolate, lettere ai giornali, esposti alla magistratura. Domenici del resto è ancora sotto processo per il crimine efferato dell'abbattimento di quattro alberi ("Dei quali uno malato," precisa l'imputato) davanti alla Fortezza da Basso. "In sette anni, la frase che ho sentito più spesso è: 'Firenze non è adatta'. La seconda: 'C'è il vincolo'. Firenze non era adatta alle rotonde stradali, poi a ospitare il Social Forum, alle fiere, al tunnel per l'alta velocità, ora alla tramvia. Il mugugno è inevitabile. Se il turismo va male, come nel 2004, è una tragedia. Se va bene, come quest'anno, 'c'è troppi stranieri'."

Un'altra battaglia persa di Domenici è stata la tassa di soggiorno. "La città è usata da dodici milioni di persone e mantenuta dalle tasse dei trecentosessantamila residenti." Ma il contributo di ben due o tre euro al giorno è stato impallinato come "avida gabella" dagli albergatori, che in compenso vendono una cameruccia in un tre stelle a centottanta euro. "La città è una Bella addormentata che si sveglia solo nelle crisi, quando si è trattato di rilanciare il Nuovo Pignone, per esempio. Per il resto, nell'analizzare il carattere dei miei concittadini, io uso una categoria gramsciana: provincialismo cosmopolita." Guardo il sindaco: ha già tanti nemici. "Ma no, scriva pure. L'impopolarità fa parte della politica."

Un esempio di provincialismo cosmopolita dall'alto l'ha offerto la Fondazione di Palazzo Strozzi, orgoglio della giunta. Il Comune ha raccolto i bei nomi della città per riaprire il magnifico monumento, vi ha portato le mostre, il Gabinetto Viesseux, l'Istituto per gli studi rinascimentali e il nuovo Istituto superiore di Scienze umane voluto da Aldo Schiavone e presieduto da Umberto Eco. Quattro eccellenze della cultura internazionale, invitate a Harvard e Oxford, ma che subito hanno scatenato una condominiale "guerra dell'altana" per aggiudicarsi la terrazza coperta con vista sulle colline. Un altro esempio, dal basso. Nel giugno 2006 il municipio ha l'idea di riesumare il calcio fiorentino, antenato del football, invitando vip e televisioni straniere. Alla partita inaugurale, i calcianti dimenticano quasi subito la palla e prendono a menarsi botte in mondovisione, seguiti con entusiasmo dagli spalti. Fine del torneo.

Vero è che la definizione di "provincialismo cosmopolita" racchiude un tratto ingeneroso, un eccesso di acidità. Nel senso che i fiorentini sono davvero provinciali, ma altrettanto sinceramente cosmopoliti. Qui sono nate grandi idee, è maturato un nuovo globalismo nelle associazioni e nelle Università, è sorto il movimento dei professori nell'Italia anestetizzata dal berlusconismo. Diciamo che Firenze dà il meglio di sé quando pensa ancora da capitale del mondo e il peggio quando si richiude in se stessa. Non sarà un caso se, osserva il professor Livi Bacci, "la culla della scienza politica non ha mai espresso una classe politica di livello nazionale", ma in compenso ha offerto il nerbo della diplomazia.

Grandi ambasciatori, piccoli politici. Si spiega anche così il fatto che la città abbia ricevuto dallo stato meno di qualsiasi altra negli ultimi vent'anni. Meno di Venezia, che beneficia di leggi speciali, e di Roma capitale, di Napoli, Torino, Genova, che hanno avuto Olimpiadi invernali, G7 e G8, Colombiadi, insomma eventi. Come se Firenze, che contiene un ottavo dei beni culturali del pianeta, non fosse un evento in sé. Meno anche di Bologna, patria di Prodi e Bersani, Fini e Casini. Le celebrate istituzioni culturali cominciano ad assomigliare ai palazzi della nobiltà decaduta, con le facciate sontuose e all'interno i pezzi d'intonaco che vengono giù. Il Maggio musicale è commissariato, agli Uffizi i lavori per la pensilina di Isozaki sono sempre in corso, i teatri e i cinema chiudono, le jeanserie sloggiano i vecchi librai, la grande editoria fiorentina – defunte Le Monnier e Vallecchi – è ridotta a Giunti; in più, la Biblioteca nazionale rischia la chiusura per mancanza di personale, la gloriosa facoltà di Lettere è fatiscente e l'Università di Firenze, con quarantamila studenti e pochi mezzi, patisce la concorrenza di Siena e Pisa. Tanto che perfino il moderatissimo rettore Marinelli, per protesta, ha deciso di annullare l'inaugurazione dell'anno accademico. Il pubblico non ha soldi, il privato se li tiene. Nella sintesi di Luca Mantellassi, presidente della Camera di commercio: "Il mecenatismo è finito con i Medici e l'offerta culturale è ferma a Botticelli". L'unico mecenate è l'Ente Cassa di Firenze, che si vocifera sia retto da un patto fra massoneria e Opus Dei e distribuisce trenta milioni di euro all'anno per restauri e beneficenza. Il presidente Edoardo Speranza, che sembra più un antico democristiano che un maestro venerabile – ammesso si possa distinguere –, mi illustra il recupero di Villa Bardini, un incanto fra l'Arno e le colline, "il più bel giardino del mondo". Ma intanto il Monte dei Paschi pompa centocinquanta milioni l'anno nella piccola Siena, dove ormai meditano se piastrellare anche il fondo dei ruscelli.

Strozzata dal ritardo dei lavori pubblici, assediata dagli stranieri, Firenze si svuota anno dopo anno: cinquantamila abitanti persi soltanto negli ultimi dieci, da quattrocentodieci a trecentosessantamila. "Il vero potere sta nei grandi flussi globali," dice Paul Ginsborg. "Basta uno scalo Ryan Air per cambiare il volto di una regione." L'esercito del turismo globale che compra "low price" su internet sta riuscendo nell'impresa fallita a tutte le armate della storia: deportare i fiorentini. La vita di Firenze se ne va un pezzo alla volta, da un centro unico al mondo dov'è impossibile muoversi e lavorare, verso le periferie senza storia, le "città dolenti" di Novoli e Le Piagge, uguali a Düsseldorf o Danzica. Qualcuno prova a fare muro, come Ornella De Zordo, che guida l'opposizione da sinistra (Rifondazione e "movimenti") e la battaglia "contro il processo di cementificazione, accelerato dall'arrivo di Ligresti". Don Salvatore si è preso la Fondiaria e sui terreni del Castello, l'unica area libera verso Prato, vorrebbe costruire una specie di Firenze 2 da un milione e quattrocento metri cubi di cemento: sedi di Regione e Provincia, carabinieri, due ospedali, scuole, un parco, ipermercati, case, case, case. Al Castello c'erano i cantieri già vent'anni fa, ma nell'89 arrivò una famosa telefonata di Occhetto ("Dobbiamo salvare gli uccellini di Firenze") e si fermò tutto fino a nuovo ordine. Ora il cavalier Ligresti non solo se ne frega degli uccellini, già ridotti a una vita infame tra fumi industriali, discarica e aeroporto, ma avrebbe anche una certa urgenza milanese di chiudere l'affare. Ogni mese si presenta nell'ufficio del sindaco e attacca: "Guardi che io amo Firenze, ci ho fatto il militare...".

Massì, stavolta ce la faranno i Ligresti. La storia marcia con loro. Dai quartieri storici – Santa Maria Novella, Santa Croce, San Giovanni, Palazzo Vecchio – sono già spariti gli operai-artigiani delle officine, gli studenti dell'Università, i colletti bianchi, i vecchi bottegai. Presto li seguiranno gli impiegati della Cassa di Risparmio, che lascia la bella sede costruita da Michelucci, e si trasferirà anche il palazzo di giustizia. Si stringe il cuore pensando ai mille avvocati fiorentini – con i loro loden, i pacchetti di dolci del Rivoire con il fiocco azzurro, la passeggiatina a Ponte Vecchio –, alle belle segretarie, tutti presi e sbattuti in una specie di carcere di sicurezza nel girone industriale di Novoli. Mario Monicelli, che con Germi ha immortalato nel cinema il carattere dei fiorentini, ricorda: "Nel cuore di Firenze non c'era mai stato, credo da secoli, tanto silenzio. Certe notti pare abbiano buttato quelle bombe che uccidono le persone e risparmiano solo i monumenti". Qualunque cosa accada, la Firenze d'arte sarà sempre meravigliosa perché il mondo non può farne a meno. Si può fare a meno dei fiorentini, certo. Per tutti vale quel che si dice del Perozzi, il capocronista, quello degli schiaffi in stazione, nel finale di *Amici miei*: "Sì, non era un granché, ma mi garbava tanto".

A Rimini non c'è il mare

La Rimini che tutti conoscono non esiste. È un luogo comune, anzi *il* luogo comune elevato a industria. Metà degli italiani c'è stata almeno una volta – dato reale – e non ha mai visto la città. L'altra metà la immagina come nei film, in tv o nei romanzi. Ma Fellini nella sua città non ha girato un metro di pellicola. Il lungomare de *I vitelloni* è Ostia e il Grand Hotel di *Amarcord* un fondale di cartapesta. Non c'era la Nashville anni ottanta "dove i sogni si buttano a mare, la gente si uccide con le droghe, ama, trionfa o crepa", la Rimini dell'omonimo romanzo cult di Pier Vittorio Tondelli, che qui non ci era mai venuto. Nella Rimini vera non c'è neppure il mare. I riminesi vivono nel borgo antico a due chilometri dalla costa e se hanno voglia di bagni d'inverno partono per i Tropici.

I rapporti fra la città e il più potente dei suoi maghi sono sempre stati pessimi. Quando Fellini torna a casa, dopo un paio di Oscar, incontra al caffè il Nin Pasquini, pioniere delle discoteche, che lo saluta: "E te, Federico, cosa fai di bello?". Il sedicente Museo Fellini è uno scantinato dove tre anni fa l'altissima Sharon Stone diede una memorabile zuccata e quasi svenne.

Nel 2001 il giornale locale ha indetto un referendum per eleggere il riminese del secolo e ha vinto un tal Umberto Bartolani, una specie di capo dei goliardi. Secondo Fellini e fuori classifica Hugo Pratt: nessuno sapeva che il padre di Corto Maltese fosse nato qui nel 1927. Quando l'hanno scoperto, non molto tempo fa, hanno provato a intitolargli una strada. Ma il nome sulla targa era sbagliato ("Ugo Prati") e la cerimonia è stata rinviata a data da destinarsi. "Qui siamo un po' grezzi," ammettono i riminesi con un sorriso.

Sarà vero? In realtà Fellini è rimasto sempre profondamente riminese, almeno quanto i riminesi possono dirsi felliniani. Nel senso di geniali maghi, inventori di mondi paralleli. Il loro cinema si chiama turismo, la dolce vita è il "distretto del piacere", la Gradisca è la cubista regina delle discoteche, Cinecittà è sparsa fra Oltremare, Aquafan e Mirabilandia. Il Grand Hotel autentico, più finto del gemello di celluloide, dopo il fallimento dell'ultimo proprietario, il furbetto Danilo Coppola, finirà nelle mani del miliardario russo Velkenberg, uno sceicco d'oggi.

Ma il capolavoro, l'*8½* del fellinismo collettivo riminese, è aver trasformato l'elemento più naturale che esista, il mare, in una pura finzione. Venti milioni di turisti si rovesciano ogni anno sulla Riviera romagnola (sette a Rimini) perché "si sentono a casa" in un set creato dal nulla. Non è l'essenza dell'arte costruire dimore virtuali per gli altri? La casa dei riminesi è l'altra, dentro le mura. Ed è una vita di campagna romagnola, lenta, dolce, silenziosa e frugale. Il contrario della chiassosa "second life" inscenata al mare per tener fede alla fama turistica di una terra romagnola dove si gode, si beve, si mangia, si ride e ci si diverte più che in ogni altro posto al mondo. La verità è che qui si lavora tanto e tutti, per mandare avanti il "divertimentificio" degli altri. Il vitellone da spiaggia che stamani dragava il lungomare con la Ducati, la camicia hawaiana, le catenone d'oro e tutto il resto lo rivedi nel pomeriggio nel centro antico mutato in studente-lavoratore modello, a cavalcioni della bici del padre, indaffarato a cercar lavori per mantenersi a Giurisprudenza. La bella signora che all'una si esibiva in tanga al Bagno 21 ora corre per i portici ad accompagnare la figlia al corso di danza e nel tragitto fa la spesa perché deve tornare subito a casa, cucinare, chiudere la contabilità della pensione e, se avanza tempo, passare in palestra.

Grazie alla faticosa messinscena, ai riminesi è riuscita un'impresa fallita a tutte le altre mete turistiche del mondo: salvare l'identità. Il turismo corrode, falsifica l'anima delle città. Venezia, Firenze, Capri, Amalfi non hanno più un'autentica vita sociale, i centri storici sono diventati scenari vuoti. I riminesi hanno creato un simulacro a mare, come gli africani costruivano villaggi finti per gli invasori, e si tengono la loro città segreta. Ci sono turisti che in venti o trent'anni non hanno mai superato il ponte di Tiberio per vedere il centro storico e se li trascini all'Arco di Augusto o al Tempio Malatestiano, si stupiscono: "Ma questo l'estate scorsa non c'era!".

Il sociologo Paolo Fabbri, noto in città più che altro come fratello di Gianni, il fondatore della megadiscoteca Paradiso, ha una teoria affascinante: "Le città di turismo hanno davanti soltanto due modelli, due destini: Venezia o Rimini. La venezianizzazione consiste nel non toccare una pietra e trasformarsi in un parco a tema storico. La riminizzazione è la continua reinvenzione di luoghi e mode ma conservando un nucleo identitario. Al principio era una scelta obbligata. Rimini era lo snodo della Linea Gotica e uscì dalla guerra distrutta all'82 per cento. Una *tabula rasa* che azzerò la memoria storica. Ma poi i miei concittadini ci hanno messo del talento nel diventare una Mecca del turismo a partire dal più brutto mare del Mediterraneo".

In un secolo e mezzo di turismo, Rimini è sempre stata un laboratorio d'avanguardia nella scienza sociale più complessa: lo studio dei desideri. Il numero dei primati è infinito. Qui è nato nel 1860 il primo stabilimento balneare d'Italia, il Kursaal. Negli ultimi trent'anni la prima discoteca, il primo pub, il dj, la cubista, il fast food all'italiana e il primo parco a tema – l'Italia in miniatura –, forse suggerito dall'archetipo che da secoli sorge a venti chilometri da qui, la rocca di San Marino, che dei parchi a tema è la madre.

La città ha vissuto quattro grandi stagioni del turismo, ciascuna la negazione dell'altra. Prima la stagione della villeggiatura d'élite, fra il Grand Hotel e il Kursaal; poi, nel dopoguerra, l'epoca "fordista" del turismo di massa operaio e impiegatizio, soprattutto italiano e tedesco, che ritrovava nelle spiagge e nelle colonie ordinate e sicure il conforto di un perfetto welfare vacanziero. Quindi la terza fase, lo sballo anni ottanta, protagoniste le masse giovanili di "certe notti" alla Ligabue ("Rimini è come il blues, c'è dentro tutto") dove c'era davvero tutto: la disco e le pasticche, l'amore e la violenza, i rave party in spiaggia e il Puttan tour nei viali. Ora che lo sballo è passato di moda, il Paradiso ha chiuso, i viados si sono trasferiti a Riccione o a Pesaro e i tossici sono finiti a San Patrignano, Rimini è già in prima linea nell'intercettare i "nuovi turismi vocazionali", come li ha definiti il professor Andrea Pollarini, fondatore della Scuola superiore del Loisir, il più avanzato centro di ricerche turistiche d'Europa. "Nella mappa dei desideri il turismo si è spostato dalla vacanza all'esperienza. La scoperta del territorio, la cura del corpo, la possibilità di coltivare le proprie passioni nel tempo libero – dalla cucina alle pratiche sportive – sono i valori emergenti." La poderosa macchina del "divertimentificio", con il più grande insediamento alberghiero del mondo dopo Miami, è rapidissima nel cogliere le tendenze e riciclarsi, ricavare cliniche della salute dalle discoteche, inventarsi percorsi enogastronomici o cicloturistici. L'offerta si modella sulla domanda stagione per stagione. In un mese i negozi avevano sostituito le scritte in tedesco con quelle in caratteri cirillici per assecondare l'ondata dei russi e ora qualche pizzeria azzarda i menu in cinese.

Non bastasse, cresce in fatturato e in esportazioni un brillante distretto industriale e della moda, dalle macchine per il legno più vendute nel mondo (SCM) alla Ferretti, alle scarpe Valleverde. Molti investimenti ora si concentrano sulle fiere e i congressi. Mentre a Roma si discute da sei anni sulla *Nuvola* di Massimiliano Fuksas, Rimini ha rifatto la Fiera e si prepara a inaugurare un Palacongressi da diecimila posti. La nuova Fiera è diventata la terza d'Italia, dopo Milano e Bologna e insieme a Verona, e i formidabili esperti del settore – in testa il presidente Lorenzo Cagnoni – vengono chiamati a organizzare fiere in tutto il mondo, da Roma a Shanghai. Il ricco turismo congressuale nasce da lontano e dalla politica. Qui è iniziata l'ascesa di Craxi all'ombra della piramide di Panseca, qui è morto il Pci ed è cominciata la stagione postcomunista. Finché un giorno don Giussani, in un bar sul lungomare, si immaginò una festa dell'Unità dei cattolici e nacque il meeting di Comunione e liberazione. Come questa capitale dell'anticlericalismo riesca a ospitare con il sorriso la sagra dell'integralismo cattolico è uno dei misteri più profondi della vita riminese. L'ateismo convinto è inscritto da secoli nel Dna cittadino. Il più meraviglioso dei gioielli architettonici, il Tempio Malatestiano con il quale Leon Battista Alberti inaugura il Rinascimento, è l'unico esempio di chiesa cattolica senza un solo segno religioso, con l'eccezione del crocifisso giottesco importato e in compenso circondato da un trionfo di simboli esoterici, zodiacali e pagani. Tanto da far scattare la scomunica di Pio II a Sigismondo Malatesta: "Non è un tempio di Cristo, ma di adoratori del demonio".

Lo scrittore Piero Meldini spiega la vocazione riminese ad accogliere con l'antica natura di città-frontiera: "Dai tempi dell'Ariminum romana, confine con la Gallia celtica – all'incrocio di tre strade consolari, Flaminia, Emilia e Popilia –, e poi, nel Medioevo, con lo stato pontificio, fino alla Linea Gotica, Rimini è stata confine, porto, crocevia". Gli immigrati sono di casa da sempre, ben integrati. Scrive Lia Celi, firma storica di "Cuore" e riminese d'adozione, nel suo bel pamphlet *Alieni a Rimini*: "A Rimini sono rappresentate tutte le etnie del pianeta, come all'Onu". In un guizzo d'orgoglio il presidente della Provincia, Nando Fabbri, rivendica: "Rimini è la vera, storica porta sul mondo della Pianura padana".

Che cosa manca a questa città bella, ricca, allegra? Forse un po' di insana malinconia. Ne soffia appena un refolo nei giorni di "garbino", il libeccio di terra, o quando cala la nebbia d'inverno, ma i riminesi la scacciano, unico ospite molesto. Manca la voglia di far pace con la propria memoria, senza cancellare per forza i cattivi ricordi. Allora magari si decideranno a ricostruire il Teatro Galli, l'ultima ferita bellica nel cuore di piazza Cavour, e a dedicare a Fellini un vero museo. Per esempio il cinema Fulgor, gioiello liberty dove Federico a sette anni, sulle ginocchia del padre, vide il primo film, *Maciste all'inferno*, "che per tutta la vita avrei cercato di rifare". Davanti al Fulgor fu deposta la bara di Fellini e Sergio Zavoli tenne l'orazione funebre, con tutta la città intorno, senza un applauso – che il maestro detestava – ma con un contadino sventolare di fazzoletti bianchi, "un volo di gabbiani".

Venezia made in China

Gli unici veneziani a partire per Mestre, fino a poco tempo fa, erano i vecchi costretti a vender casa. Caricavano i mobili sui barconi, come sfollati di guerra, e andavano a morire "oltre la Libertà", di tristezza e solitudine o investiti dalle automobili. Ora la sera sul ponte della Libertà trovi comitive di ragazzi veneziani che vanno a Mestre per vivere e divertirsi. Si lasciano alle spalle la Città Unica e sbarcano con passo leggero in una periferia senza storia che potresti confondere con il Midwest o la Renania, alla ricerca di una vita normale fatta di pub, discoteche, pizzerie a prezzi decenti, centri commerciali, palestre, cinema (la "capitale del cinema" ha ben due sale, dieci meno di Castelletto Ticino). Sbandano a povere mete, direbbe Saba, ma sembrano felici.

Il picco del pendolarismo alla rovescia si tocca prima e dopo il carnevale, apoteosi di un assedio turistico senza pari, sedici milioni di visitatori all'anno contro una popolazione ridotta a sessantamila residenti. Se nulla interviene, si calcola che l'ultimo veneziano morirà o si trasferirà in terraferma intorno al 2040. Nata per fuggire le invasioni barbariche, Venezia rischia di finire per le invasioni turistiche. La Morte è l'allegoria che chiude sempre le sfilate. Altrove è biologia, religione, concetto filosofico, mistero. Qui è la prima voce dell'economia. La morte quotidiana dei veneziani, che libera spazi per farci ristoranti, alberghi e seconde case. È la morte eterna di Venezia, dalla quale nei secoli la Serenissima ha cavato di tutto: sapere tecnologico e grandezza militare, letteratura e turismo, industria e aiuti di stato. Una montagna di soldi, dodici milioni di euro soltanto dalla legge speciale, gli ultimi quattro per le dighe mobili del Mose. Con la morte Venezia gioca a scacchi, stringe patti e tratta affari. È anche la forma di turismo dei veneziani. Non c'è veneziano che fin da bambino non sia stato portato a visitare i resti delle piccole Atlantidi sommerse dalla laguna, isole fantasma un tempo splendide, come la deserta Torcello oppure la ormai scomparsa San Marco Boccalama, dove le draghe hanno portato alla luce una vallata di teschi.

Il carnevale qui è metafora globale. La durata ufficiale è tre settimane, ma sono sei mesi per i commercianti e dodici per la politica. Alle ultime elezioni il centrosinistra ha combinato tali pasticci intorno alla candidatura di Felice Casson da riconsegnare per la terza volta la città a Massimo Cacciari, quasi suo malgrado. La destra, con tutte le mene leghiste sulla Serenissima e le sue carnevalate, dalla presa del campanile con il trattore mascherato da tank allo sbarco dell'ampolla sacra a San Marco, non ha mai sfondato. Venezia è l'unico capoluogo del Nordest, e uno dei pochissimi comuni, a non aver avuto un sindaco della Lega e/o di Forza Italia.

La mappa del potere cittadino è ferma al Cinquecento, contano il Doge e il Patriarca, rispettivamente

Cacciari e il cardinal Angelo Scola. Nel caso di Cacciari in effetti "Doge" suona un po' riduttivo, c'è caso che il professore si offenda. È l'ultimo dei grandi veneziani e gli toccano tutte le parti in commedia. Oltre a essere l'incontrastato Doge dal '93, incarna il secondo mito dell'immaginario cittadino, il Casanova, per via del rinomato libertinismo (anche) intellettuale. Ora si sta attrezzando per comprendere in sé il terzo, Marco Polo, con una serie di viaggi in Cina. Fuori dalla giurisdizione del sindaco rimangono giusto la curia e il suo Patriarca, al quale in ogni caso non lesina consigli.

Il problema è che Cacciari è un Doge senza alle spalle un senato o un Maggior consiglio e nemmeno un mezzo Collegio di savi. Ha dovuto portare in giunta candidati che avevano raccolto quindici preferenze, non ha intorno né una classe dirigente né un blocco sociale sul quale fondare un progetto di futuro. La classe operaia si è estinta ("Quand'ero bambino," ricorda il sindaco, "c'erano ventimila operai soltanto alla Giudecca") e gli ultimi capitalisti hanno venduto o vivono di rendita, come la famiglia Coin, il Luigino Rossi delle scarpe e del "Gazzettino", Pietro Marzotto. Nella culla dell'operaismo italiano e dell'Istituto Gramsci, la lotta di classe si è conclusa a sorpresa con l'abbandono dei contendenti e la vittoria di risulta di una borghesia minima di bottegai, priva di qualsiasi visione generale.

Il Doge mi riceve nel palazzo di Rialto, bello e scomodo. L'agenda è la rappresentazione della sua solitudine. Fitta d'incontri con microcorporazioni, segnati a mano, nemmeno una segretaria. Da anni mi domando chi glielo faccia fare a uno ricco di talenti e di fidanzate, famoso e stimato in Italia e nel mondo ("Sarebbe l'ideale ministro della Cultura," dice sempre D'Alema, che però non l'ha mai proposto), di svegliarsi alle sette e cominciare la giornata dall'incontro con la delegazione degli ambulanti. È una forma di suicidio nichilista, una *cupio dissolvi* mitteleuropea alla Aschenbach, alla Franz Tunda? Lui stesso non sa darsi risposte sensate. "Sono qui per cinque minuti di bile: contro il centrosinistra che non voleva neppure fare le primarie." Le primarie le ha inventate la Repubblica veneziana, mille anni fa. Il sindaco sospira, poi prende il pacco delle carte e mi spiega per l'ennesima volta perché il Mose è tecnicamente sbagliato. Il professore non resiste mai alla tentazione, come scrive Gian Antonio Stella, di spiegare "l'idraulica agli idraulici, il papato al papa" eccetera.

Le tesi pro e contro il Mose hanno il vantaggio di non essere dimostrabili: l'ideale per alimentare un dibattito infinito. Dipende dall'effetto serra, dai mutamenti climatici, dallo scioglimento dei ghiacciai, tutte faccende intorno alle quali la comunità scientifica internazionale si accapiglia da anni con esiti da disputa teologica. Fino a poco tempo fa gli organismi mondiali prevedevano un innalzamento del livello del mare, nel secolo, in una forbice "fra nove centimetri e un metro", che non significa nulla. Nove sono quasi un'inezia e un metro equivale a mezzo miliardo di morti. Di recente, le sibille scientifiche hanno ridotto la previsione fra quindici e sessanta centimetri. "Ma con quindici," spiega il sindaco, "il Mose è uno spreco perché l'inondazione diventa un caso rarissimo. Con sessanta invece diventa inutile e occorre una diga ferma, come in Olanda. Nell'un caso come nell'altro, stiamo buttando a mare quattro o cinque miliardi di euro, quando me ne basterebbe uno per risistemare la città e aiutare i veneziani a resistere. Altrimenti quando il Mose sarà finito servirà, ammesso che serva, a proteggere una città fantasma." Cacciari era ottimista, poi pessimista (ma sempre contro il Mose) e per maggio 2007 ha organizzato un convegno sull'apocalisse climatica con Al Gore. Il direttore generale del Consorzio Venezia Nuova, l'ingegner Giovanni Mazzacurati – un galantuomo che da trent'anni si dedica al progetto –, allarga le braccia: "È sorprendente, tanto più da parte di un filosofo. La morte di un uomo, in questo caso di una città, è sempre un evento raro, anzi unico. E che cos'è questo rifiuto della tecnologia in un popolo che nel Seicento deviava il delta del Po per difendere il porto?". Chiunque abbia ragione, ormai il Mose si farà. All'ultimo vertice romano il ministro Antonio Di Pietro, ascoltate le dotte arringhe di Cacciari e Mazzacurati, ha tagliato il nodo: "Ho capito soltanto una cosa, che se il mese prossimo arrivano due metri d'acqua io finisco sotto processo e non so neppure spiegarmi con l'avvocato". Il governo ha approvato la ripresa dei lavori.

È la prima sconfitta del Doge da vent'anni. Dalla battaglia vinta per impedire l'Expo 2000 di De Michelis, non si era mai mossa foglia a Venezia che Cacciari non volesse, anche quando non era sindaco. Ora sono in molti a pensare che Cacciari finirà per dimettersi. Mezza città trema all'idea, per loro il Doge è l'ultima barriera contro la metamorfosi di Venezia in una Disneyland del Quattrocento, con l'unica differenza che qui è l'autentico a sforzarsi di sembrare finto. L'altra metà trama e si prepara a brindare all'abdicazione con lo champagne all'Harry's Bar. Il solo a venire allo scoperto è il solito Gianni De Michelis, che da sempre considera Cacciari "il cancro cittadino, un affabulatore ostaggio di venditori di cianfrusaglie e centri sociali". Ma dietro si intuisce un grumo di poteri, pronto ad allearsi con il governatore Galan e i capitali foresti per mettere le mani sui palazzi decaduti, sul vuoto splendore dell'Arsenale e ancor più sulle gigantesche aree edificabili di Marghera e gli snodi strategici di Mestre, la futura "piattaforma del Nordest".

Quest'altra Venezia del "fare" e dell'affare ama opporre alla presunta ignavia del Doge l'attivismo padano del Patriarca. Il cardinal Angelo Scola, di Lecco, silurato nella successione a Ruini al vertice della Cei per un eccesso di personalità, a lungo motore insieme a don Giussani della macchina da guerra di Comunione e liberazione, è il classico parroco-imprenditore lombardo, ma moltiplicato per cento. Intelligenza acuta e pragmatismo: si è laureato con una tesi su san Tommaso. Non sarà avvincente come Cacciari nel disquisire del dogma dell'Immacolata Concezione, ma in compenso è più abile nel mettere d'accordo i potentati economici. Mentre Comune e Regione litigano da anni sul restauro di Punta Dogana, che il sindaco vorrebbe affidare a Palazzo Grassi-Pinault e Galan al Guggenheim – con il risultato di un incredibile stallo –, proprio lì dietro il Patriarca sta recuperando con le donazioni il magnifico Collegio marciano. Ha trasformato la malandata Curia di San Marco in un gioiello, dove peraltro sta pochissimo, sempre in giro a Mestre e Marghera, oppure per il mondo. L'ultima volta all'Onu di New York per presentare la sua raffinata creatura, l'"Oasis", prima rivista cattolica con testo a fronte in arabo. "È tradizione del Patriarcato," spiega, "dialogare con tutte le religioni, Venezia è stata un crocevia di ebrei, ortodossi, protestanti." È tradizione del Patriarcato, aggiungo, esprimere futuri papi. Nel secolo scorso ben tre, Pio X, Giovanni XXIII e Giovanni

Paolo I. Per far capire il personaggio, un giorno che stranamente era in Curia il cardinal Scola si è affacciato sulla piazza e "gli è parso" che il campanile di San Marco oscillasse. Ha chiamato subito gli ingegneri e aveva ragione. "El paron de casa" rischiava il crollo, come nel 1902. I preti della diocesi non ne possono più di vedersi piombare il cardinale a sorpresa in canonica. "I miei parroci mi ripetono: 'Guardi che in laguna arriva lo scirocco, prima o poi peserà anche a lei.'"

Nei palazzi si combatte la guerra dei poteri e nelle calli ogni giorno va in scena la guerriglia fra residenti e turisti. L'arte veneziana nel vendicarsi del foresto raggiunge vari gradi di crudeltà, dagli spaghetti "alle vongole fresche" congelati e scongelati più volte, al vino con retrogusto di piscio, alla tortura dei bed and breakfast selvaggi, spuntati come funghi, che ogni mattina sfornano famigliole di coreani e tedeschi devastati dall'umidità. Anni fa, un buontempone stampò cartoline con la luna, la gondola, un campanile, un'isola e la scritta multilingue: "Manchi solo tu". La cartolina andava a ruba e i veneziani ridevano: l'isola era San Michele, il cimitero. Se si va spesso a Venezia, è bene imparare qualche frase in lingua. Schiude vasti orizzonti letterari, da Goldoni a Zanzotto, e permette di ottenere sconti del 50 per cento sui taxi. Per non sembrare turisti è fondamentale assumere il passo svelto dei cittadini. Non procura sconti ma permette di uscire rapidamente dal flusso e perdersi nei sestieri deserti e stupendi di Castello o Cannaregio, respirare l'odore dei panni stesi e la vera Venezia. L'unica accortezza è non cercare mai una scorciatoia: finiscono quasi sempre in un cortile. Anche questa è una metafora, sostiene lo scrittore Daniele Del Giudice: "A Venezia la via breve non porta da nessuna parte". La storia di Del

Giudice è quella di tanti veneziani. "Abitavo dietro San Marco, la mattina dovevo scansare torme di turisti ma riuscivo ancora a comprare il giornale, le sigarette, il pane e sedermi per un caffè. In tre mesi hanno chiuso il panettiere, l'edicola, il bar e la tabaccheria, tutto per far posto a quelle maledette mascherine fatte a Taiwan e a un fast food. Niente pane, giornale, caffè e sigarette: la fine di una civiltà. Mi sono trasferito a Santa Maria Formosa, ma la ristrutturazione mi costa un occhio della testa e il palazzo più bello del campo sta diventando un albergo."

L'unica soluzione è prendere l'autobus con i ragazzi veneziani e sbarcare a Mestre, dove passa la vita e si gioca il futuro. "Venezia è soltanto la vetrina, il negozio sta a Mestre e a Marghera," mi dice Gianfranco Bettin, storico leader della battaglia contro il petrolchimico. E Cacciari: "È stato a Mestre? Abbiamo fatto il più grande bosco urbano d'Europa. Fra Mestre e Marghera convivono il più grande parco tecnologico d'Italia, il Vega, il secondo porto e il terzo aeroporto, dopo Malpensa e Fiumicino, un enorme bacino autostradale e ferroviario, un grande polo universitario e presto l'Istituto europeo di design. Quale altra città di trecentomila abitanti al mondo ha altrettanto? Se questa è la morte di Venezia...". Perfino il governatore Galan stavolta è d'accordo: "A Mestre deve sorgere la grande piattaforma del Nordest".

In terraferma trovo tutto quello che mi dicono e qualcosa in più, la straordinaria bellezza del paesaggio industriale di Marghera. Bella, deserta e letale, perché in attesa delle bonifiche. Qui circola ancora lo spettro di una morte non metaforica ma quotidiana, la morte chimica per cancro. Una volta ripulita dall'eredità Montedison, la terraferma potrebbe essere davvero la "grande piattaforma" di un Nordest strozzato e in crisi, in cerca di sbocchi a oriente e soprattutto senza più un centimetro libero dove costruire lungo tutta la nebulosa di capannoni che va da Brescia a Pordenone. È il sogno di Cacciari. Ma perché si realizzi bisogna aggirare un piccolo ostacolo, la storia. La storia dei rapporti fra Venezia e l'entroterra, anzitutto: il disprezzo dei primi, il rancore dei secondi. L'ho capito un giorno intervistando Giorgio Panto, l'industriale protoleghista di Meolo che alle ultime elezioni aveva fatto vincere Prodi per fare un dispetto alla Liga veneta. Per tutto il tempo aveva sparlato dei veneziani, "più assistiti dei romani", e delle "storie di sfiga" legate alla città. Poi era arrivata la telefonata di un cliente inglese e lui: "Sure, I'm near Venice!". È morto nel novembre 2006, mentre sorvolava la laguna in elicottero, di fronte a Venezia. "Gli imprenditori nordestini all'estero dicono 'near Venice' anche se stanno a Verona o a Belluno," dice il sociologo Aldo Bonomi, presidente della Fondazione Venezia, "ma al dunque si tengono alla larga. Mestre è l'unico posto della Regione dove si può pensare in grande, aprire la porta alla globalizzazione. Ma ci vorrebbe una neoborghesia colta che non c'è. E dove sono i grandi immobiliaristi, le grandi banche, i capitali stranieri? Rimangono a Milano, al massimo arrivano qui per il weekend con i clienti." Zunino va al Bauer, Profumo al Gritti. Bazoli viene più spesso perché è presidente della Fondazione Cini, ma il Leone che gli interessa non è quello di San Marco. "Quanto alla grande politica, c'è solo Cacciari, disperatamente solo," conclude Bonomi. Il suo maestro e predecessore, Giuseppe De Rita, che a Venezia ha dedicato vent'anni di lavoro, è ancora più pessimista: "È vero, le potenzialità di Mestre sono enormi, ma temo che resteranno tali.

Perché Mestre non ha storia. Lo sviluppo e l'economia dei distretti in Italia si fanno dove c'è storia, Biella e Andria, Prato e le Marche. Sulla *tabula rasa* non cresce nulla e la storia di Marghera in questo è esemplare".

La Venezia del futuro è insomma ancora un luogo della mente, come del resto quella del presente, sospesa fra cielo e mare, città-palafitta poggiata su "una foresta sepolta", come scriveva Braudel, mutevole d'umore, certi giorni di nebbia malinconica come un vampiro, nei giorni di sole splendente come una regina, sempre fragilissima. Il Mose la difenderà dalle maree, ma prima dell'ondata di cento milioni di turisti cinesi bisognerà farsi venire qualche idea.

Milano, i nuovi oligarchi

"Vuoi vedere come siamo ridotti?" Dario Fo apre la finestra del suo studio, indica l'orizzonte e domanda: "Dov'è Porta Romana?". Guardo fuori e Porta Romana non c'è più. Non si vede, cancellata da un megacartellone pubblicitario. I milanesi che non guardano mai in alto – tanto c'è poco da vedere – forse non se ne accorgono. Ma qui è sparita la porta più antica della città, il simbolo di duemila anni di storia. *Porta Romana bella...* strangolata dai cartelloni, circondata dalle buche dei lavori in corso. Il mito di mille artisti. "A Roma coprirebbero il Colosseo con le mutande di Dolce&Gabbana?" *Dolce&Gabbana bella...* La metrica tiene, ma è un'altra cosa. Il Nobel più snobbato della storia estrae un suo magnifico disegno di palazzi e canali: "Questo si dovrebbe fare, scoperchiare i Navigli, tornare ai tempi di Stendhal. Invece stanno vuotando la Darsena per farci i garage. Milano è così, si pugnala da sola".

Milano è una città senza più splendore. È sempre stata trasformista, capace di adattare il corpo e l'anima al potere dominante. La scissione fra bellezza e danaro, il tratto dominante dell'Italia contemporanea, qui ha trovato il suo laboratorio fin dall'Ottocento. Della splendida capitale di viali comodi e specchi d'acqua, raccontata da Stendhal come esempio di "bellezza perfetta", era rimasto poco già un secolo più tardi, quando i milanesi avevano coperto i Navigli per far girare le merci e i danè. Scriveva Guido Piovene nel '56: "È una città utilitaria, demolita e rifatta secondo le necessità del momento, non riuscendo perciò mai a diventare antica". Nei secoli è stata magnifica – nel Rinascimento e nell'Ottocento, perfino nell'epoca fascista – oppure orrenda – come nel Seicento e negli anni del boom –, ma non aveva mai perso angoli di splendore urbano. Li ha persi ora che il grigiore e la noia delle periferie hanno invaso le mura, il centro, diventando la città.

Nel momento in cui veniva eletta modello nazionale dagli slogan vincenti di Craxi, Bossi, Berlusconi, la città reale diventava sempre più anonima e invivibile. Nessun grande progetto o evento, la convivialità consumata nel rito dell'happy hour, il dibattito cittadino confinato alla rissa annuale per l'assegnazione dell'Ambrogino d'oro, l'etica manzoniana piegata al frettoloso estetismo della "Milano da bere", il gusto della modernità ridotto a una maniacale opera di lifting urbano, con tocchi di ridicolo sublime – dai finti fondali berlusconiani della Scala in restauro alle luci disneyane sparate sul Castello Sforzesco dall'ex sindaco Albertini. Più brutta e più ricca di sempre, avvelenata dall'aria più irrespirabile d'Europa, con pochissimo verde e qualche albero che ne ha viste troppe. La nebbia industriale degli anni del boom, color anice e odor di zolfo, trascolora nel ricordo in una dolce, protettiva coperta se confrontata con l'invisibile, insapore ma letale invasione di polveri sottili, prima causa di mortalità dei milanesi. Nessuna meraviglia se il rito del weekend qui si trasforma ogni venerdì pomeriggio in una fuga di massa, scandita da code apocalittiche: tre ore per avvicinarsi ai laghi, quattro per le coste liguri, cinque o sei per la Riviera romagnola. È un non luogo senza identità, né memoria. Nel gennaio 2007, per la ricorrenza della strage di piazza Fontana, la Cgil ha chiesto agli studenti delle superiori se sapevano che cosa era successo nella piazza il 12 dicembre 1969. Il 60 per cento ha risposto "non so", il 20 "un attentato delle Br", un altro 10 "una bomba islamica".

Per farsi coraggio, occorre guardare oltre la nebbia del presente, verso la Milano di un futuro da scegliere ma che può diventare grandioso. I soldi ci sono, quelli non sono mai mancati. Si produce sempre qui un decimo del Pil nazionale, un terzo se si considera la grande Milano di sette milioni e mezzo d'abitanti, la seconda megalopoli d'Europa dopo Parigi-Île de France. Risparmi e reddito sono fra i più alti del continente e la Borsa ha ripreso a macinare record. Non mancano i progetti grandiosi. La città brulica di cantieri dove lavora il Gotha dell'architettura. Renzo Piano a Sesto San Giovanni, Norman Foster a Santa Giulia, Daniel Libeskind, Arata Isozaki e Zaha Hadid alla vecchia Fiera, Santiago Calatrava all'Alta velocità, Bolles and Wilson alla nuova Biblioteca europea, Pei e Cobb al grattacielo della Regione che manderà in pensione il Pirellone. Oltre alle opere già realizzate: la Fiera di Fuksas, la Bicocca di Gregotti. Non si progettava tanto dai tempi degli Sforza. Milano ha raccolto il testimone di laboratorio urbanistico dalla Parigi degli anni settanta, dalla Barcellona degli anni ottanta e dalla Berlino dei novanta. La Triennale si prepara a diventare una Mecca per l'architettura, come era stata negli anni del boom per il design.

Dal luna park degli orrori del presente alla città futuribile e meravigliosa manca un ponte, una classe dirigente. Chi comanda oggi a Milano? L'ultimo padrone della città è stato Bettino Craxi. Berlusconi, con tutto il suo potere, in città non ha mai fatto sistema. Oggi per capire chi comanda non serve guardare ad Arcore o ai palazzi della politica cittadina, tanto meno ai salotti delle solite cento famiglie che si mettono in mostra ogni Sant'Ambrogio alla prima della Scala. Bisogna inseguire l'unica traccia sicura nel caos cittadino: da sempre, i danè.

Dalla bufera di Mani pulite in poi è successo questo, che una montagna infinita di soldi e di potere è passata di mano. Dal vecchio capitalismo industriale e familiare, governato da Enrico Cuccia e legato a doppio filo con la politica, alla nuova finanza globalizzata e immateriale, giovane e cosmopolita, che non ha bisogno di salotti, né dei palazzi romani, né di televisione. In questa città oligarchica per natura e struttura, nell'ultimo decennio hanno conquistato il cuore del potere una schiera di oligarchi quarantenni. Il nuovo Cuccia potrebbe allora essere il banchiere Alessandro Profumo, genovese di nascita ma milanese da sempre, che scherza sulla definizione: "Io sono molto più banale: le azioni non sono capace di pesarle, le devo contare e basta". A trent'anni ha preso la guida di Credit, un catorcio che nessuno voleva, e dal '94 a oggi ha portato la capitalizzazione da un miliardo di euro ai settanta del gruppo Unicredit, sesta o settima banca continentale. Non si è mai visto in televisione o dalle parti del parlamento, considera i salotti "una vera iattura cittadina" e se ha una serata libera preferisce la mensa della Casa della carità di don Colmegna – in fondo a viale Padova, rifugio di rom e immigrati – alle cene della Milano bene. Per far capire il personaggio, se n'è appena andato dal più ambito dei salotti cittadini – il patto di sindacato del "Corriere della Sera" – sbattendo la porta alle troppe battaglie per comprarsi un altro pezzo di Polonia o di Turchia. Come tutti i nuovi oligarchi milanesi, vota a sinistra ma non ha contatti diretti con i leader o i partiti. "Il fatto è che per fare lobby il parlamento italiano a noi non serve. Due terzi delle nostre attività sono all'estero, sessantamila dipendenti fuori Italia e un 70 per cento di investitori stranieri. Il vecchio capitalismo era autarchico e cresciuto alla sottana dei partiti. Noi con la politica abbiamo un rapporto laico: non chiediamo favori, appalti, rottamazioni ma progetti ambiziosi, regole per competere e servizi a livello europeo. A me piacerebbe, per esempio, che Malpensa non fosse uno dei peggiori aeroporti del mondo. Ma ci è mai stato?"

Ci sono stato. Un'ora almeno di coda fra check-in e controlli, la metà dei voli in ritardo, il maresciallo che mi ha mostrato sugli schermi dei computer le facce degli addetti ai bagagli già licenziati per furto e tutti riassunti: un suk. Milano? "La amo e la detesto, da buon milanese. Mi domando perché con tanti soldi e iniziativa i milanesi si rassegnino a vivere così male. È sempre più difficile convincere i manager stranieri a trasferirsi qui. Si campa male e la vita costa più cara che a Parigi o a Francoforte. Da ex bocconiano mi domando anche perché la mia Università, una delle migliori del mondo, abbia soltanto il 4 per cento di studenti stranieri e quasi nessun cinese." Alla Bocconi dicono che non si riescono a ottenere i visti: la Bossi-Fini prevede che arrivino in Italia soltanto colf e badanti. "Un altro mistero è perché questa città esprima una cultura politica tanto misera," continua Profumo. "La Lega e il berlusconismo si sono riempiti la bocca di milanesità, spirito lombardo, padanità. Il risultato concreto? Durante il governo di Berlusconi, con quattro o cinque ministri milanesi, la città non ha mai contato così poco. Noi abbiamo avuto Bossi e la Lega, i catalani hanno avuto Pujol. Confronti Barcellona e Milano e capirà la differenza."

Fra i ricchi milanesi non se ne trova più uno che ammetta di aver votato Berlusconi. Non è soltanto il trasformismo secolare delle classi dirigenti e del popolo milanesi. È che la nuova razza padrona – Profumo e il mondo che lo precede e lo circonda, da Giovanni Bazoli a Corrado Passera, i nuovi dirigenti di Mediobanca guidati dal quarantenne Alberto Nagel – è antropologicamente lontana dal modello arcitaliano di berlusconiano. Respinto l'ultimo assalto restauratore dei "furbetti del quartierino", guardano a un futuro internazionale. Sono i protagonisti del boom della Borsa milanese, al quarto anno di crescita consecutivo, con un più 16 per cento nel 2006 e una capitalizzazione che ha ormai raggiunto 777 miliardi, la metà del Pil nazionale. Umberto Maiocchi, il veterano di piazza Affari ("Sessant'anni in Borsa, ho cominciato che fuori c'erano ancora le macerie dei bombardamenti"), era stato il primo a predire nel '93 all'"Herald Tribune" la fine delle grandi famiglie e "l'avvento di un modello più simile alla Germania, incentrato sul dominio delle banche privatizzate". Visto che ha azzeccato la prima, gli chiedo un'altra profezia sulla Milano del futuro. "Il paese si sta internazionalizzando. Lo si è detto per anni ma ora accade davvero, a un ritmo spaventoso. E a Milano dieci volte più che altrove, perché qui arriva quasi la metà degli investimenti stranieri in Italia. La fine di Tangentopoli, vissuta all'epoca come un lutto nel mondo degli affari, si è rivelata al contrario un volano formidabile per l'economia. I milanesi non sono mai stati tanto ricchi."

Il vento della globalizzazione soffiava in realtà già prima delle inchieste. "È stato anzi la vera causa storica di Mani pulite, quello che l'ha resa possibile," riflette oggi Francesco Saverio Borrelli, leggendario capo del pool. E già Mario Monti scriveva all'epoca che la città aveva scoperto "la voglia e la convenienza di un buon mercato". Ora quel vento ha attraversato e scompaginato l'intera economia cittadina, perfino nei settori più simbolici dell'epopea craxiana: la pubblicità e la moda. Delle dieci grandi aziende di moda del pianeta, quattro hanno sede a Milano: Dolce&Gabbana, Prada, Armani e Versace. Ma per le due dominanti, Prada e Dolce&Gabbana – che negli anni novanta hanno superato tutti per vendite, fatturato, quote di mercato internazionale –, il celebrato rito Modit non significa molto: Prada è stata lanciata dalle sfilate newyorkesi, Dolce&Gabbana dalla rockstar Madonna. "Per la prima volta da quarant'anni le sfilate milanesi sono deserte," fa notare Krizia. "Non solo la produzione, ma anche i simboli sono andati altrove." Ai signori della moda non interessa più far passerella in Galleria con i ministri, come ai tempi di Trussardi, o mettersi in lista d'attesa per una campagna di spot sulle reti Rai o Mediaset. Possono permettersi pagine del "New York Times" e i cartelloni sulla Quinta strada, cercano semmai rapporti con il governo cinese.

Un altro effetto della globalizzazione è che tutto è

diventato immateriale. I soldi, la produzione e finanche le tangenti, "che continuano a esistere," come osserva Piercamillo Davigo, ormai emigrato alla Cassazione romana, "ma ora si chiamano consulenze". Nel 2003 la Regione Lombardia ha stabilito un record difficilmente eguagliabile: cinquantamila consulenze. La procura, dove sono cambiati i volti ma non lo stile di lavoro, indaga e setaccia i file dei computer. Ma la vecchia mazzetta, il fruscìar di banconote, il malloppo di centomila che Marietto Chiesa quel pomeriggio del '92 cercava di infilare nel cesso con i carabinieri alla porta, quelli non esistono più.

La città stessa appare immateriale, avvolta in una nuvola d'affari che portano altrove, alla City londinese o a Pechino. Non si produce più nulla di concreto e la vecchia città-fabbrica ha lasciato orbite vuote, crateri di buio e di fango. Ma se si sale all'ultimo piano del Pirellone la prospettiva cambia, la sensazione fisica è travolgente. Gru, gru e ancora gru, a perdita d'occhio. Una foresta, un esercito di giganti al lavoro. Un cantiere di sei milioni di metri quadrati – l'area delle vecchie fabbriche –, una ricostruzione da dopoguerra. Anzi, più che dopo i bombardamenti. È l'affare del secondo, il grande Monopoli. Tutti, vecchi e nuovi, si sono catapultati a mettere le mani sul corpo della città. L'intramontabile Ligresti si è preso la testa dell'ex Fiera; la Fiat, l'ex Om; gli americani del gruppo Hines, le viscere commerciali fra Garibaldi e Isola, dove sorgerà la Città della moda; le cooperative e Bazoli di Banca Intesa, in società con EuroMilano, hanno occupato il cuore della Milano operaia, la Bovisa, destinata a diventare la sede del Politecnico. "Una città di studenti e professori al posto delle tute blu, il primo vero campus italiano," spiega l'amministratore delegato di EuroMilano, Alessandro Pasquarelli, altro quarantenne d'assalto come il suo rivale e amico di Hines, Manfredi Catella.

La fetta più grossa, i polmoni a nord e a est, è finita nelle mani del più misterioso dei nuovi oligarchi, Luigi Zunino. In un'inchiesta sulla Milano degli anni settanta, Giorgio Bocca si chiedeva: ma chi è questo Berlusconi venuto dal nulla che a quarant'anni apre cantieri da mezzo miliardo di lire al giorno? Oggi nessuno si domanda chi sia questo piemontese di Nizza Monferrato, classe 1959, che quindici anni fa era registrato alla Coldiretti come viticultore e ora fa shopping comprando interi palazzi sugli Champs-Élysées e il leggendario Badrutt's Palace Hotel di Sankt-Moritz, e soltanto a Milano ha avviato due progetti di città nella città con Renzo Piano e Norman Foster, l'ex area Falck e Santa Giulia, per due milioni e mezzo di metri cubi. Città ideali, con grattacieli trasparenti sospesi come palafitte su immensi parchi, case ipertecnologiche, sedi universitarie, centri congressi, vivai d'impresa, moderne agorà, teatri, multisale, sistemi di trasporti e di riscaldamento a idrogeno: il Rinascimento prossimo venturo. "I più ambiziosi progetti urbanistici mai visti in Italia dal dopoguerra," si vanta lui, e non esagera. Qualcosa al cui confronto Milano 2, il microcosmo fondante dell'ideologia berlusconiana, appare come un modellino Lego. Ma chi è Zunino? Anzi, "chi cazz'è 'sto Zunino?", dal titolo di un fluviale feuilleton sul "saccheggio del Sud" pubblicato su internet dopo la clamorosa scalata nel 2000 alla Risanamento Napoli, secolare orgoglio del Meridione. È una specie di Berlusconi "rosso", ex iscritto alla Cgil dell'agricoltura, buon amico di D'Alema e Bassolino, amicissimo di Alfio Marchini, l'ultimo dei famosi costruttori romani detti "calce e martello", circondato da parenti militanti nel Pci e ora in Ds e Rifondazione. Bel caso davvero, eppure è uno dei pochi italiani più o meno illustri dei quali è sconosciuta perfino la scheda biografica. Avrà dato sì e no due o tre interviste in tutto, non compare nelle enciclopedie on line che contemplano qualsiasi mezzacalza nazionale, non si sa neppure se è laureato (non lo è). È stato sfiorato dagli scandali per via di contatti e affari con Danilo Coppola, ma su di lui i magistrati non hanno mai trovato nulla.

Di persona è un tipo affascinante di visionario, un autodidatta dai mille talenti, un affabulatore capace di lunghe digressioni sul modo giusto di allevare cavalli e usare le barche. "Da anni mi riprometto di scrivere un libro per spiegare perché gli italiani sono i migliori imprenditori del mondo," confida, "ma dove lo trovo il tempo?" Cerco allora di andare al sodo e gli chiedo perché mai un milanese dovrebbe comprare una casa a Sesto San Giovanni o vicino a Linate, per quanto splendida e griffatissima, al prezzo di un appartamento in via Montenapoleone. "Perché vive meglio che in centro, fa un investimento e forse perché non è un milanese. Sa qual è il vero problema di Milano? Che attira soldi da cinque continenti ma non persone. Gli uomini d'affari vengono, concludono e scappano. Il 40 per cento degli appartamenti di Santa Giulia è già prenotato da businessmen stranieri, inglesi, francesi, tedeschi, americani, giapponesi, cinesi. Berlusconi vendeva sicurezza a una borghesia milanese spaventata dagli anni di piombo. Noi vendiamo un investimento e uno stile di vita ai manager internazionali."

Ora, se si mette su un piatto della bilancia la silenziosa e potente ascesa degli oligarchi, lo spessore di un Profumo, le ambizioni di uno Zunino, e sull'altro il vanitoso e rissosissimo agitarsi della classe politica locale, affamata di talk show, si capisce che non c'è partita, che il divorzio fra danè e politica è consumato. L'effetto del divorzio? Il filosofo Salvatore Veca, presidente della Fondazione Feltrinelli, la vede così: "Il potere economico milanese ha fatto il salto nel futuro, è passato dal sostanziale parassitismo del vecchio sistema collusivo, che produceva rendite e non profitti, a una dimensione internazionale, ultracompetitiva. Al contrario, il potere politico è regredito, a sinistra nel rimpianto della Milano industriale, a destra nel recupero di valori arcaici – il sacro suolo, la stirpe padana –, il tutto nel più insopportabile provincialismo".

Il declino della politica milanese è cominciato da tempo, dal folgorante esordio del primo sindaco "novista", Marco Formentini, a Palazzo Marino: "Dobbiamo tornare a essere una grande capitale europea," annunciò, "come Boston!". Si capì da subito che ai milanesi sarebbe toccato in sorte di rimpiangere i vecchi sindaci socialisti, dal leggendario e onestissimo Antonio Greppi della ricostruzione del dopoguerra ad Aldo Aniasi e perfino a Carlo Tognoli. Ma nessuno poteva immaginare che la nuova destra sorta dalle ceneri della Prima repubblica, una volta eletta Milano a capitale ideologica, infierisse così tanto sulla città reale. Il celebrato e vanesio Gabriele Albertini, circondato da un'immeritata e un po' sospetta considerazione bipartisan, ha prima addormentato la città e poi le ha somministrato una specie di eutanasia. L'unico vero impegno della sua lunga stagione a Palazzo Marino è stato ridurre il suolo milanese a un colabrodo per costruire migliaia di parcheggi sotterranei su oltre duecento aree: proprio dopo che le altre capitali europee, da Londra a Parigi, avevano deciso di eliminarli per scoraggiare il traffico. Un affare da un miliardo di euro, distribuito in un'orgia di appalti, tanto da far gridare molti alla "seconda Tangentopoli". Con la preziosa collaborazione dell'assessore alla Cultura Stefano Zecchi, un prodotto del *Maurizio Costanzo Show*, Albertini ha sparso una coltre di noia sulla vita culturale, arrivando a un passo dal far fallire in tribunale per beghe politiche perfino la Scala. Un vezzo di Albertini era presentarsi come sobrio e concreto amministratore, in contrasto con il "fatuo" Veltroni dedito ai *circenses*, per giustificare la decadenza milanese al confronto con la dirompente vitalità romana. In realtà, il Comune di Milano in questi anni ha destinato in media agli eventi culturali il doppio del Campidoglio, soltanto che nessuno se n'è accorto.

A giudicare dagli esordi, Letizia Moratti sembra in grado di completare l'opera di demolizione del predecessore, ma con un ritmo più sostenuto e un piglio decisamente populista. In omaggio all'ultimo grido dell'antipolitica, la ricchissima signora ha appena rinunciato al suo stipendio da sindaco, cinquemila euro al mese. In compenso, ha più che raddoppiato la spesa milionaria per le consulenze, con prebende da centocinquanta o duecentomila euro all'anno assicurate a carneadi pescati dai comitati elettorali.

"Politica e affari viaggiano ognuno per conto proprio," dice Umberto Veronesi, memoria storica della città. "Ma non è questo gran vantaggio. Il vecchio sistema è franato nel disonore, ma all'origine aveva un suo slancio mecenatesco, una visione d'insieme dell'interesse generale e perfino una certa tempra etica, quasi giansenistica. Sa com'è nato l'Istituto dei tumori? Sono andato a casa di Enrico Cuccia e gli ho esposto il progetto. Lui ha fatto dieci telefonate e in un'ora c'erano i soldi. Adesso ho da anni il progetto di una Città della salute che renderebbe Milano capitale europea delle biotecnologie. Ne ho parlato con tutti, politici e imprenditori. Entusiasti. Ma non ce n'è uno solo che abbia il potere di dire: 'Questa cosa si farà'." L'ultimo contatto diretto del professor Veronesi con il Comune risale a quindici anni fa: "Volevano un'idea per migliorare la salute dei milanesi e gliel'ho data: costruite trecento chilometri di piste ciclabili, come ad Amsterdam. 'Fantastico!' E poi Formentini ha riaperto il centro al traffico".

Il risultato è che Milano, con la miglior rete di metropolitana nazionale, ha un traffico levantino, peggio di Roma e Napoli. Qui avvengono un quarto degli incidenti stradali di tutta Italia e sono settecento ogni anno i ricoverati d'urgenza per smog. I parametri d'inquinamento rimangono fuori controllo per trecento giorni su trecentosessantacinque, ci si salva giusto a luglio e agosto. La risposta di Albertini è stata arrivare a due milioni di multe all'anno. Letizia Moratti aveva letto da qualche parte che il collega Ken Livingstone, una volta approvato il piano regolatore, ripensato il traffico cittadino e completamente ristrutturata la rete metropolitana, aveva chiesto un pedaggio per l'ingresso a Londra. Allora ha convocato i sindaci dell'hinterland e, saltando i tediosi preliminari, è andata al sodo: "Che ne direste se facessi pagare una tassa d'ingresso a Milano?". Silenzio. Poi l'Oldrini di Sesto San Giovanni ha rilanciato: "Ottimo. E se noi poi facessimo pagare la tassa d'uscita da Milano?". Fine del modello britannico.

Il traffico è una tragedia materiale e una metafora sociologica delle "quattro Milano" che vivono l'una accanto all'altra e non si incontrano mai. Le ha individuate Guido Martinotti: la prima, i residenti veri e propri, ormai minoranza sempre più anziana ("tre nonni per ogni bambino"); la seconda, i pendolari; la terza, i consumatori della città che vengono per divertirsi e comprare; la quarta, gli uomini d'affari. "Quattro popolazioni che esprimono bisogni profondamente diversi, che sarebbe compito della politica mediare." Ma la politica non se ne occupa. Al più, il sindacato. Il nuovo segretario della Cgil cittadina, Onorio Rosati, quarantatré anni, ha promosso un'inchiesta sulla nuova mappa sociale e ne è emersa l'altra faccia della globalizzazione: l'impoverimento dei vecchi ceti medi. "Il salto nel buio della povertà oggi lo corrono anche categorie una volta garantite: insegnanti, operai, quadri cinquantenni troppo giovani per la pensione e troppo vecchi per il lavoro che vivono di prestiti, a volte dagli usurai, e si fermano comunque alla terza settimana del mese." Fra i barboni che ciondolano alla Stazione Centrale sono ricomparsi gli italiani, spesso giovani.

E poi c'è il quinto stato, gli immigrati. Sono la forza lavoro del nuovo boom, gli operai dei cantieri edili e delle centomila "fabbrichette" dell'hinterland, i camerieri, i lavapiatti, le baby-sitter, i domestici, il 15 per cento della popolazione, un quarto dei bambini milanesi. Eppure non è mai stato costruito un solo nuovo quartiere per loro, come furono per i meridionali le deprecate ma oggi invidiabili "coree" degli anni cinquanta. Se la politica ne parla è soltanto per l'"allarme criminalità", le famose bande straniere che in verità esistono ma sono composte da semplici manovali. Agli ordini dei calabresi che da dieci anni comandano la Milano "nera". La criminalità organizzata è la caricatura della grande finanza e fa affari nel silenzio. Mentre i governi combattono, o fingono di combattere, la mafia in Sicilia e gli inviati calano a Scampia per le stragi di camorra, a Milano prospera nell'indifferenza la più ricca organizzazione criminale del mondo: la 'ndrangheta. Sul fiume di soldi garantito dalla cocaina. Milano è la prima piazza d'Europa per consumo e smistamento di polvere bianca, una specie di capofila europea dei cartelli colombiani, con i quali i calabresi hanno stabilito una joint venture, dopo aver massacrato i siciliani. Gli ultimi epigoni dell'antico dominio palermitano di Buscetta e compari, i fratelli Martello, dieci anni fa finirono schiaffeggiati in strada, per sfregio, dagli albanesi. L'epopea dei siciliani si era chiusa già alla metà degli anni novanta, con la sconfitta di Angelo Epaminonda detto il Tebano, capo dei "cursoti", dal quartiere Curso di Catania. Ferocissimo, processato per cinquantaquattro omicidi, spaccone e ansioso di accreditarsi presso i poteri forti, Epaminonda si vantava di essere amico di Craxi, al quale una volta regalò un leoncino ("Cazzuto come a Vossignoria") che poi i magistrati milanesi rintracciarono ormai adulto allo zoo safari di Fasano. Ma a differenza di Epaminonda e Turatello i calabresi non amano lo sfarzo e le frequentazioni, né girano con le bionde per locali alla moda come il bel René Vallanzasca. Il massimo di mondanità che si concedono è l'ammazzamento del capretto in qualche cascina dell'hinterland. "La loro struttura è arcaica, familiare, orizzontale, usano il ramo femminile per intrecciare nuove parentele," spiega Paolo Ielo, ex pm e ora giudice. "Non esiste cupola. I pentiti sono rarissimi, perché oltre alla cosca dovrebbero tradire anche i parenti. Per giunta, quei pochi conoscono solo gli affari di una 'ndrina, una singola famiglia." In galera ci finiscono soltanto i manovali stranieri.

Gli immigrati sono la metà della popolazione carceraria milanese (a San Vittore si parlano novantotto lingue) e il 100 per cento al Beccaria, il riformatorio. Così è facile tenere comizi sull'allarme immigrati, le bande slave o maghrebine, i fantomatici "finanziamenti di Al Qaeda" alla moschea. Tanto al resto ci pensa don Colmegna. C'è un campo profughi da sgomberare? O arrivano i carabinieri con i manganelli e le ruspe, come ha appena ottenuto Ligresti in via Ripamonti, oppure si chiama don Colmegna, che arriva da solo, tratta con i capi, distribuisce qualche aiuto e il mattino dopo dei rom non c'è più nemmeno l'ombra. Ci sono duecento profughi da accogliere? Arriva don Colmegna e se li porta alla Casa della carità. Bisogna trovare asilo alle prostitute nigeriane o ai piccoli mendicanti rumeni? "Appunto, chiama don Colmegna." La città che ha inventato in Italia la solidarietà laica e socialista, che ha fondato l'Umanitaria, copiata da tutte le socialdemocrazie europee, oggi delega l'intero ramo "problemi sociali" a un ex prete operaio di Sesto San Giovanni che incarna l'antico mito cittadino del "sindaco dei poveri". Ma con un linguaggio da politico raffinato e colto, uno stile da manager e una premessa secca: "A me il buonismo fa schifo, e poi non serve a niente". Non è stato buonismo prendere dalle mani del cardinal Martini l'eredità di settanta miliardi lasciata dai vecchi magazzini All'Onestà e trasformarli in un gioiello di accoglienza, la Casa della carità. In fondo a viale Padova, ai confini della città con il deserto che una volta era la Marelli, sorge uno dei posti più allegri e vitali di Milano. Una bella cascina, un'oasi di vecchia Lombardia piena di suoni e canti, circondata da quei casermoni anonimi e muti dove si è scritta la vera storia di Milano, dove prima abitavano gli impiegati di Olmi, poi gli operai meridionali, ora marocchini e cinesi. Don Colmegna non si limita a risolvere i problemi pratici che la politica e il defunto mecenatismo milanese hanno dimenticato nella nuova corsa all'oro, ma organizza mostre e feste di quartiere, porta la Scala qui e gli ottoni zingari al Piccolo, fa incontrare i ricchi con i paria della piramide cittadina. "Quello che manca a Milano è l'urbanità, la civiltà cittadina, l'arte dell'incontro." Alla sua mensa si ritrovano le vecchie famiglie aristocratiche e i nuovi oligarchi, la Scala e il Piccolo, la destra e la sinistra. Ci vanno Profumo e Bazoli e c'è andato Fedele Confalonieri, che si è quasi commosso: "Ho ritrovato lo spirito della Milano del dopoguerra. Ma sì, sarò retorico: il *cœur in man*. La capacità di accogliere e integrare, quelle piccole botteghe di pane che mi ricordano i prestinai d'una volta. Magari con la scritta in arabo".

Aosta, la repubblica delle fontine

Chi non conosce il Grand Hôtel Billia di Saint-Vincent, meta preferita della gran Premiopoli nazionale? Due volte all'anno, per le Grolle e il premio giornalistico più famoso d'Italia, il Billia si popola ancora di vip e stelline, balli e proiettori. Ma se ci capiti in un qualsiasi giorno dell'anno, ha l'aria spettrale di una nave fantasma incagliata fra le montagne. Enormi lampadari, sontuosi tendaggi di velluto, pareti con le foto ingiallite degli ospiti illustri d'un tempo – da Sordi a De Sica – sono sipari che danno sul nulla. La hall è deserta, il personale latita, nove camere su dieci sono libere anche quando il casinò è pieno (ormai di rado). Ti avvii da solo per gli infiniti corridoi illuminati dal neon con una lieve angoscia e l'impressione che da un momento all'altro potrebbe spuntare Jack Nicholson con un'ascia in mano, come nell'Overlook Hotel di *Shining*. Ora, per comprare questo albergo fantasma la Regione Val d'Aosta, già proprietaria del casinò, ha appena sborsato cinquantotto milioni di euro ai fratelli Lefebvre, nipoti del celebre Ovidio Lefebvre dello scandalo Lockheed. Con tre o quattro in meno si può acquistare in giornata il Badrutt's Palace di Sankt-

Moritz, il più rinomato hotel montano d'Europa. Senza contare che il Billia vanta un passivo record di undici milioni di euro e ce ne vorranno altri cento per ristrutturarlo. È uno strano affare anche la gestione regionale del casinò di Saint-Vincent, che era il primo d'Europa negli anni novanta e ora è l'ultimo d'Italia e forse l'unico in passivo del mondo.

Una volta venivano teste coronate, attori hollywoodiani e registi da Oscar, grandi industriali del boom come il commendator Borghi dell'Ignis, che in una notte insonne si inventò un nuovo modello di frigorifero sui tovaglioli del ristorante per rifarsi di una montagna di perdite al tavolo del trente et quarante. Ora arrivano troppi clienti dall'accento siciliano o russo e c'è un gran viavai di magistrati antimafia da Palermo per indagare sul riciclaggio. Benvenuti in Val d'Aosta, la terra del "rouge et noir", colori della bandiera regionale e della fortuna, dove i conti non tornano mai. Ad Aosta non c'è bisogno di chiedere chi comanda in città o nella valle, basta guardarsi intorno. È tutto della Regione autonoma. Un posto di lavoro su tre dipende dalla Regione, direttamente o indirettamente; sono della Regione l'unica grande finanziaria, la Finaosta, da cui dipendono tutti gli aiuti a industrie, turismo, agricoltura, quindi la Compagnia delle Acque, che ha acquistato le centrali dell'Enel ed esporta il 70 per cento di energia, e ancora il Casinò, le molte società partecipate, gli impianti di risalita. Grazie al reparto fiscale che restituisce nove decimi delle tasse ai valdostani, più la pioggia di sovvenzioni statali, la Regione dispone di dodicimila euro di risorse all'anno per ognuno dei centoventimila abitanti contro i duemila della Lombardia, ma anche i novemila della Provincia autonoma di Bolzano. "Privatizzare" è un verbo inesistente nella politica locale. "La Val d'Aosta è ormai con Cuba l'unico angolo di socialismo reale al mondo. Un socialismo reale senza socialismo, ma soprattutto senza mercato," dice Bruno Milanesio, vecchia volpe craxiana ma testa fina della politica locale, autore di un divertente pamphlet sulla psicologia valligiana, *La repubblica delle fontine*. La Regione autonoma, inventata nel dopoguerra da una grande figura di antifascista, Federico Chabod, è del resto l'unico risarcimento che i valdostani abbiano ricevuto dalla storia. Dopo secoli di fame, miseria, invasioni e pestilenze, ai montanari non è parso vero di potersi sedere al tavolo di un ufficio e attendere con fiducia il 27 del mese. Se c'era da lavorare in miniera o in fonderia, alla Cogne, arrivavano i veneti. Se c'erano da costruire le strade, arrivavano i calabresi. Se oggi c'è da lavorare nel turismo come camerieri o pizzaioli, si reclutano nelle scuole alberghiere emiliani e toscani. "In tutta la valle non trovi un maître d'albergo," lamenta Piero Roullet, proprietario del più bell'albergo della regione, il Bellevue di Cogne. Il turismo sarebbe la prima risorsa regionale, ma il condizionale è d'obbligo. Le presenze sono ferme da anni a tre milioni e la tendenza è al ribasso dopo l'apertura del Traforo del Monte Bianco e le Olimpiadi di Torino, che hanno rilanciato la concorrenza di Chamonix e Sestrière.

Il fatto è che i valdostani già sopportavano a fatica il turismo aristocratico dei villeggianti: i nobili di fine Ottocento che si facevano portare dalle guide locali sulle cime dei quattromila metri per piazzarci la loro bandierina. Più tardi, nel secondo dopoguerra, c'è stato il turismo delle élite antifasciste, gli ex partigiani che si erano innamorati della valle, i grandi leader socialisti e comunisti. Palmiro Togliatti e Pietro Nenni,

Vittorio Foa e Giancarlo Pajetta, Norberto Bobbio e Giuseppe Saragat avevano eletto a luogo di dibattito politico le splendide passeggiate verso il Gran Paradiso, con le discussioni che finivano sul campo di bocce davanti al Bellevue. Ma quando è arrivato il turismo di massa la vaga tolleranza dei valdostani si è trasformata in aperto fastidio verso le goffe comitive di milanesi e torinesi che di montagna non sanno nulla, spendono milioni in tute griffate e pretendono per giunta di divertirsi e far casino in discoteca. All'apertura della stagione, le ricche agenzie turistiche di Aosta brulicano di locali in partenza per le Maldive, le Seychelles, al peggio Sharm-al-Sheikh. Gian Franco Fisanotti, aostano e presidente dell'Unionturismo nazionale, ammette: "Io stesso ho dovuto comprare casa nel centro di Chamonix perché i ragazzi in valle si annoiano, la sera non sanno che cosa fare. La cultura dell'ospitalità qui è rimasta sulle locandine dei convegni. I giovani aostani vogliono soltanto entrare alla Regione o all'Union Valdotaine, che fa lo stesso. Perché se sei dell'Union un posto lo trovi di sicuro".

L'Union Valdotaine è un piccolo capolavoro politico che realizza in un colpo, sia pure su scala minima, i sogni di secessionismo di Bossi (allievo di un autonomista valdostano, Bruno Salvadori) e quelli del grande centro di Casini. "Ni droite ni gauche", né destra né sinistra. Per alcuni è la versione patois di "Franza o Spagna, pur che se magna". Il dibattito ideologico sull'autonomismo è ridotto a chiacchiera, distratto omaggio ai padri nobili, come il grande Émile Chanoux, geniale giurista e martire dell'antifascismo cui è intitolata la piazza principale di Aosta. Nell'Union oggi non esistono correnti, ma clan. E ogni clan bada agli affari. Alle ultime elezioni l'Uv ha fatto l'en plein sul tavolo – diciotto consiglieri regionali su trentacinque, maggioranza assoluta – ma ha cominciato a dividersi subito. È uscito Robert Louvin, avvocato, ex governatore della Regione, uno dei due soli governatori della Val d'Aosta che negli ultimi trent'anni non sia stato costretto a dimettersi per le inchieste della magistratura. "Nauseato dall'affarismo degli ex compagni di partito," spiega oggi. L'altro non indagato e fuoriuscito è Carlo Perrin, attuale senatore, che ha inflitto all'Union la più bruciante sconfitta della sua storia recente. Alle politiche del 2006 Perrin si è presentato con il centrosinistra contro il candidato ufficiale dell'Uv, il potentissimo Augusto Rollandin – detto in città "l'imperatore Augusto" –, e ha conquistato il seggio al senato. E chissà all'Union quanto avrebbe fruttato, un seggio decisivo al senato. Nei decenni il senatore valdostano, legittimo rappresentante degli "stranieri in patria", è stato sempre abilissimo a sfruttare a proprio vantaggio i delicati equilibri romani, almeno quanto lo è ora il delegato degli "italiani all'estero", l'ineffabile Pallaro. Già, "Ni droite ni gauche". È l'inizio della fine del laboratorio politico valdostano, lo scricchiolio del piccolo impero, la caduta di "Fontina Republic"? Il governatore della Regione, Luciano Caveri, esponente del patriziato politico unionista – è nipote di uno dei grandi fondatori, Severino Caveri –, considera la sconfitta alle politiche "una salutare batosta, ma nulla di più". "Quello che altri definiscono 'sacca di socialismo reale', io lo chiamo 'un grande welfare', nel solco delle socialdemocrazie nordiche. Perché la gente dovrebbe smettere di votarci, perché si è stancata di star bene? Vadano a raccontarlo ai comuni del Canavese, che da anni chiedono l'annessione alla Val d'Aosta." Non parla invece il padre padrone del partito, l'"imperatore Augusto" Rollandin, che si è consolato della sconfitta occupando le due leve principali del potere economico, in proprio la poltrona della Compagnia delle Acque e per delega la Finaosta, con il suo braccio destro, il broker assicurativo Gianni Coda. Alla faccia del conflitto d'interessi. Rollandin è del resto un maestro nell'arte di cadere sempre in piedi. Nel 2001, quando per le condanne fu dichiarato ineleggibile in Regione, scelse di andare in parlamento, dove un seggio a un pregiudicato non si nega mai. Ma la "salutare batosta" ha intanto risvegliato la dormiente e rassegnata opposizione regionale. Destra e sinistra, An, Ds e Verdi si sono messi d'accordo per proporre un referendum che abolisca le tre preferenze, retaggio da Prima repubblica, e istituisca l'elezione diretta del governatore della Regione, oggi nominato dai clan dell'Union. "Se il referendum passa, il voto regionale del 2008 potrebbe riservare molte sorprese al regime unionista," prevede il responsabile di An, Alberto Zucchi. Sarà decisivo il voto degli immigrati e qualcuno comincia a guardare con preoccupazione al traffico di latitanti calabresi nella zona di Aosta. Nella Veulla, come si dice in patois, su trentacinquemila abitanti i calabresi sono settemila e vengono quasi tutti da un paesino di tremila anime dell'Aspromonte, San Giorgio Morgeto. La festa dei calabresi, in onore dei santi Giorgio e Giacomo, raccoglie ogni estate diecimila presenze, più di quella di sant'Orso, patrono di Aosta. "Al 90 per cento si tratta di gente onestissima, grandi lavoratori," spiegano i carabinieri di Aosta, quasi tutti stranamente trasferiti di recente da Calabria e Sicilia, "ma il restante 10 per cento ha nomi che mettono paura." Sono i nomi di Iamonte e Facchineri, i boss della piana di Gioia Tauro, sempre più presenti in città. Giuseppe Facchineri si è addirittura trasferito in pianta stabile ad Aymavilles, all'inizio della Val di Cogne. Sono molti i misteri della piccola Aosta, e molti gli uomini di potere locali contenti che la curiosità degli *italiens* si limiti al miserabile turismo televisivo intorno all'ex baita dei Franzoni a Cogne, tomba del figlio Samuele e set di desolanti talk show. Ma sono ancor di più le bellezze della valle e dei monti, se ti capita di assistere al miracolo della fioritura dei prati davanti al Gran Paradiso, che accade in una sola notte e trasforma le enormi distese di verde del tramonto in immense aiuole alle prime luci dell'alba. Se levi lo sguardo alla nuvola di ghiaccio del Monte Bianco, "un pan di zucchero lontano che sembra galleggiare nell'azzurro del cielo. Né Italia, né Francia, né Savoia, troppo alto, troppo completo in sé per appartenere a uno stato, a un municipio" (Giorgio Bocca, *Le mie montagne*). Allora si dimenticano le altre cose e si prega soltanto che il cielo protegga tanto splendore.

Torino dopo

Dalla vetrata circolare dell'ufficio all'ultimo piano di corso Marconi, il patriarca controllava con lo sguardo l'intera città, le sue fabbriche, i suoi palazzi, la sua collina, il suo stadio. Poi si soffermava sullo stemma dinastico: "Fabbrica Italiana Automobili Torino. È trascorso un secolo e siamo rimasti fedeli al marchio di mio nonno. Fiat è una fabbrica, con la fisicità della fabbrica, in un'economia sempre più immateriale. La proprietà è italiana. L'automobile è il core business, quello che sappiamo davvero fare. E il legame con Torino è sempre saldissimo".

Così Gianni Agnelli nell'anno del centenario, 1999. Ma al principio del terzo millennio tutto sembrava finito. Nell'ultimo anno di vita, il 2002, l'Avvocato aveva predisposto l'eutanasia della Fiat, aveva firmato l'accordo di vendita a General Motors e lo smantellamento di Mirafiori. La famiglia si preparava a vivere senza fabbriche né città e Torino a vivere *etsi Deus non daretur*, come se il dio dell'automobile non esistesse più. In tempi di revival socialisti (perfino Giusi La Ganga è tornato in circolazione, con la Margherita), qualcuno aveva avuto il cattivo gusto di recuperare la disinvolta e sballatissima profezia dell'ex sindaco craxiano, Maria Magnani Noya: "Diventeremo una capitale del loisir, una via di mezzo tra Firenze e Venezia". Per fortuna è arrivato in tempo il salvatore della patria, Sergio Marchionne. Gli americani si sono defilati, Mirafiori è rimasta in piedi – anche se con la metà degli operai dal principio della crisi: dodicimila invece di ventiquattromila, e un quinto rispetto agli anni d'oro –, i piazzali hanno ricominciato a colmarsi di macchine già prenotate. Il titolo in Borsa è schizzato in venti mesi da cinque a ventitré euro.

Nell'estate 2007, per il lancio della seconda Cinquecento – a cinquant'anni esatti dalla prima –, in piazza c'era mezza città a festeggiare la rinascita della fabbrica. Non è un modo di dire. Gli organizzatori milanesi avevano previsto trentamila persone. Gabriele Vacis, il regista della nuova stagione di Torino, dalle Olimpiadi della neve ai nuovi spot Fiat, s'era ribellato: "Saranno più di centomila!". In realtà sono stati trecentomila, sulle rive del Po e poi a ballare per tutta la notte ai Razzi, in piazza San Carlo, in piazza Castello, al Valentino, come al ritorno di un sovrano. Sull'onda di un sentimento ambivalente, una specie di nostalgia del futuro. Ben incarnata del resto dall'oggetto del desiderio, la nuova Cinquecento. Nostalgia di un'Italia dove la fonte della ricchezza stava nel talento di fabbricare belle cose, dove si rischiavano imprese e i capitalisti non si limitavano, com'è stato da vent'anni a questa parte, a lucrare su rendite autarchiche e monopoli parassitari, le banche, le bollette, i pedaggi. Nostalgia infine di un paese e di un popolo umili, capaci di ricominciare dal basso. Il ritorno alla Cinquecento è in fondo la risposta seria di Torino alle barzellette sulla città del loisir e alle ricette facilone sulla crisi del

Berlusconi ridens: "La Fiat va male? È questione di marchio. Chiamiamole tutte Ferrari!". Questa è l'unica città del Nord che risponde alle trovate del berlusconismo con il sorriso, scuotendo la testa.

La ripresa dell'auto è la fine di un incubo per una città che campa ancora sulle fabbriche, gli oggetti materiali, i duecentomila posti di lavoro dell'industria metalmeccanica, sparsi nella fabbrica ormai esplosa oltre le periferie, dispersa in mille capannoni. Non più company town ma pur sempre una monarchia dove il nuovo re, che veste casual con i maglioncini blu girocollo, ha concesso lo statuto e rovesciato la filosofia di Valletta: "Quel che va bene a Torino e all'Italia, va bene alla Fiat".

Eppure l'incubo è servito, eccome, a risvegliare la Bella addormentata. Nei cinque anni in cui si immaginava il futuro "come se Dio non esistesse", Torino ha dato il meglio, è cambiata e migliorata più di ogni altra. Come sempre, quando si abbandona alla sconfitta. Grava una condanna storica sulla capitale sabauda, quella di poter essere o importante o felice, non le due cose insieme. Torino è felice nella dimenticanza, quando l'Italia e il mondo si scordano di lei, e viceversa. È nella psicologia calvinista dei torinesi un complesso di Atlante che li porta a caricarsi di doveri insopportabili e titanici sensi di colpa. C'è sempre una grande missione da compiere: l'Unità d'Italia, l'industrializzazione, la rivoluzione. Ma quando la missione fallisce, meglio se per cause di forza maggiore, la città finalmente respira, si lamenta ma sogna e, perché no, gode.

Ai tempi dell'agonia Fiat, furono in molti a ricordare l'altro lutto storico: la perdita della capitale del Regno nel 1864, con i morti di settembre in piazza San Carlo. La prima strage di stato, voluta dal governo Minghetti che aveva infiltrato di provocatori la manifestazione, come avrebbe scoperto centoundici anni dopo Diego Novelli aprendo un cassetto polveroso dell'archivio comunale. Il trasloco di ministeri e corte avrebbe dovuto segnare il tramonto economico e morale. Al contrario, diventa l'alba di un'epoca straordinaria. Il sindaco Luserna di Rorà lancia un appello in tre lingue ai capitalisti europei perché vengano a investire in città, in cambio di vantaggi fiscali ed energia gratuita. I capitali stranieri arrivano e avviano la rivoluzione industriale. La Torino liberata dal compito disperato di dover fare l'Italia e gli italiani sprigiona risorse, attinge alla sua nascosta follia per sperimentare, come nessun'altra città italiana.

Sorge il simbolo cittadino, quel magnificente monumento al nulla che è la Mole, nata per essere la sinagoga e fatta esplodere dall'Antonelli alle dimensioni del più alto e sconsiderato edificio in muratura d'Europa. Gabriele Vacis, un torinese anomalo, cresciuto fra parrocchia e Casa del popolo senza diventare né cattolico né comunista, commenta: "Nessuna metropoli italiana ha un simbolo architettonico così recente, e per trovarne uno altrettanto folle bisogna arrivare alla Sagrada Familia. Antonelli è il nostro Gaudí". La comunità ebraica rinnega il costoso capolavoro e la Mole è destinata a ospitare il vuoto per un secolo, prima di diventare Museo del cinema. La Torino disprezzata dal marchese De Sade per il suo perbenismo asfissiante ("Non esiste città più regolare e più noiosa. Il cortigiano è fastidioso, il cittadino triste, il popolo devoto e superstizioso," scrive nella sua *Storia di*

Juliette) svela l'anima dionisiaca. Si popola di nuove piazze e palazzi, ospita al Valentino le grandi Esposizioni universali, diventa il laboratorio della modernità, dall'Art nouveau alla radio, dall'editoria alla moda, al cinema. Nasce fra il Museo Egizio e la chiesa della Gran Madre la leggenda della città magica. Ma la magia vera è nella mente degli scrittori che la percorrono e si inventano nelle nebbie crepuscolari mondi lontani, la Mompracem di Emilio Salgari, le Ande di Edmondo De Amicis, il viaggio in India di Guido Gozzano. L'esotismo, la pazzia fantastica, l'eccentricità sono l'altra faccia della capitale razionale e squadrata, dove il puro rigor di logica, portato alle estreme conseguenze, sconfina – come osserverà Italo Calvino – nell'allucinazione urbana.

Ma dal successo della rinascita scaturiscono ulteriori doveri e sensi di colpa. Torino torna a caricarsi l'Italia sulle spalle, si sottomette alla missione di unificare ancora il paese con l'industria, la radio, il cinema, la rete telefonica e più tardi con l'immigrazione, la televisione, l'alta velocità. Rientra nei ranghi del consueto, mesto grigiore.

Bisogna andare indietro alla morte annunciata dell'automobile per ritrovare lo stesso fermento. La Torino alla quale fra infiniti lamenti e senso cocente di perdita è stato strappato tutto, dalle officine alla finanza, dalla moda al cinema, dalla Rai all'editoria, alla musica, nei fatti torna libera di inventarsi un futuro. Innanzitutto, si fa bella. I soldi delle Olimpiadi invernali, i duecento milioni di euro pompati dalle fondazioni bancarie – più che a Firenze, Venezia o Roma –, i fondi speciali europei, servono a restaurare sontuosi pezzi di città regia caduti nell'oblio durante la dittatura industriale. Riaprono Palazzo Madama dopo vent'anni e la struggente Villa della Regina sopra la Gran Madre, palazzo Chiablese e infine la più splendida delle dimore sabaude, Venaria Reale, che ispirò Versailles al Re Sole. Sullo slancio dei Giochi, i musei cittadini raddoppiano le presenze, con un autentico boom milionario del Museo Egizio – diretto da Alain Elkann, padre dei delfini – e del Museo del cinema di Sandro Casazza. Si restaurano le gialle facciate dei palazzi dello Juvarra, la città riprende colore, rinverdisce i parchi, si toglie di dosso il puzzo di ferrovia che l'ha perseguitata per un secolo. Il ritrovato splendore urbano, l'aria lieve, l'intensa luce subalpina, rendono la città un set magnifico per il ritorno del cinema, favorito dall'attivismo della Film Commission e dalla vivacità del festival, ora affidato in mezzo alle solite polemiche a Nanni Moretti. La sera si fa tardi ai Murazzi, nel Quadrilatero Romano, intorno ai parchi. Lo slow food di Carlo Petrini fa conoscere alla città il filone d'oro del turismo enogastronomico. "L'unica vera rivoluzione torinese è che ora si può mangiare alle due del mattino," dice il sindaco Sergio Chiamparino, che ama fare il modesto. Con gran gioia dell'altro Sergio, Marchionne, che di notte nelle pizzerie esaurisce tutta la propria mondanità, mentre le dame torinesi lo inseguono invano di salotto in salotto. E proprio in una pizzeria, alle due del mattino, i due Sergi avevano firmato nell'ottobre del 2005 l'accordo per salvare Mirafiori.

Come ai tempi della capitale perduta, la città ha guardato al nuovo, in controtendenza rispetto al declino italiano. È dal 2000 che si sviluppa il progetto – o, per ora, il sogno – di "Torino valley", il più ampio distretto tecnologico italiano, da Ivrea a Cuneo, da Torino a Novara, con i sette parchi tecnologici, il polo aerospaziale con la straordinaria crescita di Alenia e della vecchia Fiat Avio, rinata con i fondi americani della Carlyle, più nuove realtà come la Prima Industrie di Gianfranco Carbonato, leader mondiale nel settore dei laser industriali. Il Politecnico di Torino sorpassa il cugino milanese e diventa il primo del paese, con il dinamico rettore Francesco Profumo impegnato a firmare accordi con le Università cinesi, indiane, israeliane e americane. La General Motors, pur nella fuga precipitosa da Torino e dall'accordo Fiat, lascia in città un importante Centro studi.

Tanta vitalità a prescindere dalla Fiat, se non, diciamola tutta, addirittura *contro*, rimanda a un interrogativo sepolto dalla storia: che cosa sarebbe stata Torino senza gli Agnelli? "Una città più ricca e felice" è la risposta di Carlo Ossola, una delle intelligenze più raffinate di Torino, italianista al Collège de France. La teoria di Ossola è che la vera vita cittadina, da un secolo, si sia sviluppata nonostante la Fiat e intorno alle due utopie industriali sconfitte dalla monarchia degli Agnelli, quelle, rispettivamente, di Riccardo Gualino e di Adriano Olivetti: "Due giganti visionari, paragonati al cinismo arido di Giovanni Agnelli, il fondatore". Gualino, finanziere biellese, di famiglia povera, è stato il primo socio e poi il più fiero nemico del nonno dell'Avvocato. Spirito libero e spregiudicato, brillante affabulatore, mecenate appassionato di teatro e cinema, fondatore della Snia Viscosa e della Lux Film, considerato da Carlo Ponti e Dino De Laurentiis un modello e un maestro. Era stato lui a salvare la Fiat dopo il "biennio rosso" e a restituirla nelle mani degli Agnelli. Mai aspettarsi, in questi casi, un po' di gratitudine. Il senatore Giovanni, forte dell'appoggio del fascismo, gli fece una guerra spietata e Gualino finì al confino a Lipari. "La storia poi l'hanno scritta i vincitori e Riccardo Gualino è stato etichettato come un avventuriero, un furbetto *ante litteram*," racconta Ossola. "In verità era assai più lungimirante e generoso del rivale. L'altra possibilità fallita fu quella di Adriano Olivetti. E pur nella sconfitta, gli dobbiamo la creazione della sociologia e dell'urbanistica. Come sarebbe stata migliore l'Italia, se avesse vinto l'idea di andare verso il Sud e aprire stabilimenti a Matera o a Palermo, piuttosto che deportare a Torino i meridionali. Quanto sarebbe stata più bella la città, se avesse prevalso la volontà di farne un laboratorio di architettura contemporanea, una Vienna o una Barcellona, piuttosto che un museo ben restaurato."

La nemesi storica è stata l'avvento di un plenipotenziario olivettiano come Sergio Marchionne al ponte di comando di corso Marconi. La definizione di "nuovo Valletta" regge nel confronto di poteri, ma non di stili. I primi gesti di Marchionne a Torino – l'imbiancatura dei capannoni, il rifacimento delle mense e degli asili, i murales dei ponti di Mirafiori affidati alle mani di operai-artisti – sono stati accolti con sollievo da un sindacato abituato da decenni al pugno di ferro di Romiti. Ancor di più piacciono le frasi spese dal nuovo amministratore delegato, fregandosene della linea Montezemolo, sulla necessità di pagare meglio gli operai e contro l'allungamento dell'età pensionabile. Certo, la scommessa è appena stata fatta. "Per vincerla," dice il segretario della Fiom, Giorgio Airaudo, "bisognerebbe puntare sui motori ecologici, come la Toyota, che però investe nella ricerca ben altri capitali." Se va bene, la nuova Cinquecento potrà vendere centocinquantamila auto all'anno: un quarto della Mini, per citare il remake più fortunato, e un quinto rispetto ai successi storici dell'epoca Ghidella, dalla Uno in giù poi. Quanto basta però ad affrontare l'inevitabile trasformazione senza traumi violenti. I due Sergi – Chiamparino e Marchionne – hanno lavorato bene ed è stata una fortuna rara, per una città italiana, avere due uomini giusti al posto giusto nel momento più difficile. "Nessuno si è illuso di poter risorgere con formule da maghetti," osserva Piero Fassino, espressione anche fisica del complesso d'Atlante cittadino. A Torino la politica è ancora un lavoro intellettuale. La paccottiglia demagogica non ha fatto breccia fra le mura di solide culture politiche, che hanno espresso un serio comunismo, un serio cattolicesimo, un serio pensiero liberale. Purtroppo, anche un serio terrorismo e mille conflitti durissimi.

Ora gli anni di piombo sono appena un ricordo, un mistero per i più giovani. Ma la favola di una città coesa, che marcia unita e senza più classi, dove i padroni sono gentili e dimessi nell'aspetto e gli operai non portano più la tuta blu, questa rimane appunto una bella favola. La storia di Torino vive sempre di contrasti forti e si scrive ogni giorno con la fatica degli sconfitti. Basta girare una sera a San Salvario o a Porta Palazzo, nei ghetti-dormitorio degli immigrati sfruttati dai costruttori sul lavoro e strangolati dagli affitti degli speculatori. Come quel Giorgio Molino, maestro nell'affittare a seicento euro al mese migliaia di stamberghe fatiscenti agli stranieri, meglio se clandestini. Ai carabinieri che l'arrestavano urlò scandalizzato: "Non sono mica il solo!". Aveva ragione. Remo Ghirardi è proprietario di un palazzo in via Saluzzo 43 dove vivono – si fa per dire – famiglie di marocchini in stanzette pagate quattrocentocinquanta euro al mese, senza cesso, oppure in cantine a duecento euro, senza finestre. E come Molino e Ghirardi ce ne sono a decine.

"Almeno degli stranieri si parla, di noi operai mai," dice Piera, cinquantacinque anni, trenta dei quali passati fra Lingotto e Mirafiori. Lavora ancora alla catena di montaggio, che ora si chiama in un altro modo – UTE, Unità tecnologica elementare –, ma è la stessa cosa. Un gesto uguale ripetuto ogni minuto, per tutta la settimana, per tutte le settimane della vita. Piera si alza ogni mattina alle cinque, quando la Torino Renaissance va a letto, ed entra a Mirafiori col buio. Guadagna milleduecento euro al mese. "In tanti anni non sono riuscita ad affezionarmi alla fabbrica, la odio come il primo giorno. Se mi fanno andare in pensione a sessantacinque anni, giuro che mi butto nel Po."

Genova, il Piano regolatore

Genova la superba ama essere guardata dall'alto. L'arrivo in aereo svela il punto debole della città e la molla di una civiltà millenaria: Genova è una città fragile, sottile, minacciata. Lunga quaranta chilometri, larga al massimo ottocento metri, stretta fra un mare profondo e montagne crudeli. È un corpo debole che ha potuto compensare l'insicurezza soltanto con una sconfinata volontà di potenza e un'intelligenza acuminata, come certi geni che avevano trascorso l'infanzia nel letto. Per giunta, Genova è da sempre divisa in due. Esiste la città bassa del porto, dove stanno la fatica, il sudore, la puzza di bastimenti inasprita dalla macaja – lo scirocco genovese –, le puttane e i traffici d'ogni tipo. Qui monta come la spuma delle onde la città ribelle, esplode da secoli la rivolta che comincia con i cortei di massa nelle piazze e finisce ogni volta nella fuga solitaria per i carruggi, i vicoli sopra il porto, "viscere del mondo", per scappare alle mazzate di gendarmi, poliziotti, carabinieri.

Questa è la città più radicale d'Italia, patria del Risorgimento, del socialismo e della Resistenza, il cuore dei moti del '60 contro il governo Tambroni, la culla delle Brigate Rosse e dei no global. "L'ultima città comunista d'Europa," maledice la destra. Il "muro di Genova" da quindici anni impedisce il dilagare del berlusconismo dal Nord, è la roccaforte inespugnabile che ha impedito di mandare a casa il governo Prodi già in primavera.

Ed esiste l'altra città, l'altra Genova, la più aristocratica e conservatrice d'Italia. La Genova dei quaranta palazzi nobiliari di via Garibaldi, invidia delle corti europee, eletti dall'Unesco patrimonio dell'umanità ma in concreto proprietà delle antiche famiglie, forzieri di marmo e oro con tesori senza pari; ancora, la Genova borghese di Albaro e Castelletto con dimore austere all'esterno ma dentro sfarzi, arazzi, pinacoteche e giardini smeraldo da far impallidire la collina torinese, Brera e le ville romane.

Dall'alto, le oligarchie controllano le rivolte e i traffici del porto e badano che nessuno prenda troppo potere in città. Genova è l'unica capitale italiana a non aver mai avuto una signoria. Ci ha provato Simon Boccanegra, sette secoli fa, ed è finita in melodramma. Le dieci famiglie che contano vigilano l'una sull'altra e anche all'interno. Come i Messina, i primi armatori del porto. Se chiedi di incontrarne uno ti ricevono in otto, nell'ufficio che domina tutto il Tigullio, perfettamente circolare, con le scrivanie di padri e figli affiancate, forse perché si vogliono tanto bene e magari anche per evitare che uno si allarghi troppo. Il genovese dotato di un esubero di iniziativa può sempre cercar fortuna a Milano o a Parigi, come il banchiere Alessandro Profumo, o l'immobiliarista Carlo Puri Negri, o l'architetto Renzo Piano, purché non rompa le scatole qui. "Da nessun'altra parte vale tanto il detto: nessuno profeta in patria. Le tre celebrate glorie genovesi – Cristoforo Colombo, Giuseppe Mazzini e Niccolò Paganini – rispetto alla città più che esiliati erano fuggiaschi," commenta Edoardo Sanguineti. Se conosci un po' questa capitale di vera borghesia e vero proletariato, capisci anche perché Sanguineti abbia rispolverato nella campagna per le primarie del centrosinistra, alle quali era candidato per i comunisti, il concetto di "odio di classe". Ma che effetto curioso sortisce sulla bocca di un poeta gentile, arguto e fragile, che assomiglia alla sua città perfino nel fisico.

La borghesia genovese conserva riti immutabili in circoli chiusissimi, assai ambiti per motivi sociali e di piacere. Sono splendidi e in genere vi si mangia, meglio che nei migliori ristoranti cittadini, l'autentica e squisita cucina locale. Si può venir ammessi con il voto dei soci – biglie bianche e nere, e c'è chi aspetta le bianche da trent'anni. Quasi ogni lunedì sera l'intera mappa del potere si ritrova in galleria Mazzini, un tempo meta diletta di Montale e Calvino, e cena al ristorante Europa. Alle dieci precise si sgomberano i tavoli e parte lo scopone. Lo scopone è come la magnifica lingua genovese, lo capiscono soltanto i nobili e i camalli. Quando ha deciso di recuperare la lingua madre, Fabrizio De André si è lanciato in interminabili sfide a scopone con ricchissimi amici di famiglia e gente del porto. Al tavolo dell'Europa di solito stanno da un lato il petroliere Garrone, padrone della Sampdoria, e Beppe Anfossi, titolare della Società delle Acque e allievo del leggendario Giamba Parodi; dall'altro, il presidente della Camera di commercio Paolo Odone e il governatore della Regione Claudio Burlando. Ogni tanto compare il console dei camalli, Paride Batini, insieme a qualche compagno. È un fenomeno, ma tutti sospettano che i compagni gli facciano i segni. Giocano e decidono i destini della città. Nella primavera 2006, una partita si è conclusa alle quattro del mattino con la vittoria di Burlando – che ha imparato dal padre scaricatore – e la decisione, comunicata alle otto in punto, di far fuori il presidente della Fondazione Carige, Vincenzo Lorenzelli, piazzato dall'Opus Dei. La Carige è la cassaforte cittadina – non c'è bisogno di dire quanto importante a Genova –, ma il Lorenzelli pareva a tutti troppo ciarliero e presenzialista. Quando uno fa così, nelle famiglie genovesi si dice che "si comporta da milanese": il peggior insulto.

Se a Milano politica e affari hanno divorziato, a Genova fanno ancora sistema e lo fanno a sinistra. Per Gianni Baget Bozzo, consigliere di Craxi ereditato da Berlusconi, questa è la sentina di tutti i mali. "Il declino cittadino, l'incapacità genovese di aprirsi e legarsi al modello padano nascono dal ferreo controllo che la sinistra, con la complicità delle partecipazioni statali, ha esercitato sull'economia ligure." Ma a parte la difficoltà di immaginarsi l'Appennino disseminato dei capannoni industriali lombardo-veneti, bisogna ammettere che il "patto scellerato" fra politica e affari ha evitato negli ultimi vent'anni una catastrofe sociale. Fra gli ottanta e i novanta, la chiusura delle grandi fabbriche ha cancellato centomila posti di lavoro e duecentomila abitanti. Il porto, le banche, le botteghe e i bilanci delle famiglie erano sull'orlo della bancarotta. "La politica ha fatto il suo mestiere," rivendica il governatore Burlando, protagonista della svolta prima come sindaco e poi da ministro dei Trasporti. "Il porto in dieci anni ha quintuplicato il volume di merci, da trecentomila a più di un milione e mezzo di container. Abbiamo impedito che lo stato chiudesse tutti gli stabilimenti e ora il polo Finmeccanica fa utili e riassume. La disoccupazione è dimezzata e il turismo segna primati su primati. In più, i soldi degli eventi – dalle Colombiadi del '92 al G8 del 2001, al 2004 della Cultura – sono finiti nel restauro della città, che è bellissima, e non in mazzette. Dove sarebbe l'assistenzialismo?"

I risultati spiegano la tenuta delle sinistre, la rinascita della città, la ritrovata voglia di far figli, dopo anni di record di denatalità, e anche di divertirsi nella brulicante "movida" del venerdì. Ma ora che è passato il pericolo dell'"estinzione di Genova", annunciata dai sociologi del malaugurio, si tratta di guardare al futuro e qui i conti tornano meno. Sui delicati equilibri cittadini si sono abbattute in pochi mesi un paio di novità cui i genovesi, secondo indole, guardano con diffidenza. La prima è l'"affresco" di Renzo Piano per il porto, voluto dal sindaco uscente Beppe Pericu e osteggiato dai potentati. La seconda è l'assalto alla Carige, che si intravede oltre le dimissioni di Lorenzelli, accusato dall'asse bipartisan che l'ha liquidato (da Scajola a Pericu) di voler far entrare i francesi. La paura è che la Cassa di Risparmio di Genova possa finire preda nel grande risiko bancario europeo, ridotta a vassalla dei colossi italiani, Unicredit e Intesa, o stranieri. Non si tratta di proteggere soltanto le "palanche", ma anche l'identità cittadina. Genova è la madre di tutte le banche, l'unica potenza che ha dominato il mondo – dal 1550 al 1630 (*El siglo de los Genoveses* si intitola il bel libro di Felipe Ruiz Martin) – senza un forte esercito o un grande stato alle spalle ma in forza del genio di un pugno di finanzieri.

Nel cuore e nella testa dei genovesi per primo arriva il porto, perché qui comincia sempre la storia di Genova. Dal porto antico e da un progetto di Renzo Piano è scaturita la riscossa degli anni novanta, con il successo dell'Acquario, concepito per settecentomila presenze annue e benedetto fin dal '93 dal doppio dei visitatori. Dall'"affresco" di Piano potrebbe cominciare la rinascita internazionale, con il faraonico progetto di spostare verso e dentro il mare, sulle piattaforme, centinaia di migliaia di metri quadri di banchine e officine; perfino l'aeroporto, come a Osaka. "Genova è la perfetta città di mare," spiega Piano dallo studio-serra di Arenzano, "perché città e golfo sono una cosa sola. E allora perché non far diventare il mare vera città, costruendo sull'acqua?" Perché costa cinque miliardi di euro? "Ma è un investimento sul futuro! Prendi una mappa d'Europa, tira una riga da ogni angolo: Genova è al centro. Oggi le merci viaggiano da Suez a Rotterdam, si spostano su rotaia e arrivano in Baviera, Svizzera, Lombardia, con cinque o sei giorni di navigazione in più perché qui al porto non c'è posto. Non è assurdo?" "Un genio!" ha gridato la città intera all'inaugurazione, ma subito si è affrettata a rinchiudere i disegni in un museo.

"Non l'hanno buttato via soltanto perché era gratis," sorride Paride Batini, il sagace e leggendario capo dei camalli, nove volte eletto in assemblea "console della Compagnia", ovvero rappresentante dei lavoratori del porto, autentica aristocrazia operaia che vanta un'associazione fondata nel 1340. Un tempo i camalli erano novemila e il console era il vero padrone del porto. Ora sono cinquemila – dopo essere scesi a mille –, lavorano dieci ore e se va bene portano a casa milleduecento euro, salvo arrotondare con il gancio. Il gancio è l'uncino per collocare i carichi che i camalli usano con secolare maestria. Talvolta però capita che scivoli e tagli la pancia dei sacchi, con la merce che cade e viene archiviata come avariata per l'assicurazione. Il camallo esce dal turno con la giubba gonfia di caffè, salutando il finanziere che si limita a lanciargli un "ti sei ingrassato, neh?". Comunque, ci vuol più di qualche colpo di gancio per restituire alla gente del porto l'antica abbondanza.

Il console Batini non si rassegna al declino. All'ombra di un intoccabile ritratto di Lenin ornato di fiori, spiega la sua teoria: "Io sono comunista, ma anche pragmatico. Ero contro la privatizzazione del porto e ammetto che ha funzionato. Ora però non basta. Il porto non cresce più. Siamo in stallo di fronte alla concorrenza di Marsiglia, Barcellona, Rotterdam. L'affresco di Piano è l'occasione per tornare al porto-emporio, dove non ci si limita a parcheggiare i container che passano e lasciano poca ricchezza ma si riparano le navi, si commercia, si produce. Qui le professionalità ci sono tutte, da secoli. Manca soltanto lo spazio. I padroni, gli armatori, i terminalisti, non vogliono cambiare perché oggi guadagnano e comandano. Ma domani, con la globalizzazione, saremo fregati tutti, noi e loro. Genova o va per il mondo, o non esiste". Ed è curioso che il capo dei portuali, con la quinta elementare e il genovese come unica lingua, giunga alle conclusioni del più colto storico del Mediterraneo, Fernand Braudel: "Fabbrica, ma per gli altri; naviga, ma per gli altri; investe, ma presso gli altri. Genova senza il mondo non può vivere". Ma, come dice Batini, ci sono i padroni sulle barricate al fronte del porto. L'individualismo che ha permesso in passato le grandi imprese dei capitalisti genovesi oggi si è rovesciato nel perenne mugugno, nella maledizione dei veti incrociati. I promotori del progetto si sbattono per trovare fondi. "Senza dimenticare," osserva l'ex sindaco Beppe Pericu, "che il porto di Genova offre ogni anno allo stato due miliardi di tasse e sarebbe giusto e anche conveniente reinvestirne una parte."

Pericu, eletto per due volte – la seconda con un plebiscito di oltre il 60 per cento –, è stato forse il miglior sindaco d'Italia degli ultimi vent'anni. Galantuomo, gran giurista, avvocato brillantissimo ma assai meno mediatico di Bassolino o di Cacciari, Veltroni o Moratti, e perfino di Chiamparino, è stato l'unico a cambiare davvero il volto della sua città e a riportarla all'antica bellezza. I genovesi l'hanno molto amato, anche per via della scelta poco comprensibile di rinunciare a parcelle milionarie per il bene pubblico, gli si sono stretti intorno nei giorni neri del G8 e l'hanno salutato con le lacrime nella primavera 2007. Al suo posto è arrivata Marta Vincenzi, con un margine ristretto di voti e la voglia, o la necessità, di emulare il predecessore. Marta "la rossa" ha dunque subito affidato a Renzo Piano il nuovo piano regolatore, fondato sul progetto del waterfront. Il gran genovese si fida e non si fida. Si è fatto scrivere, dicono dallo stesso Pericu, un contratto di collaborazione che prevede la possibilità di verificare ogni sei mesi lo stato dell'arte ed eventualmente di andarsene. È la prudenza di uno che conosce il funzionamento di una città dove l'opposizione non esce mai allo scoperto, ma applaude in pubblico per poi borbottare e boicottare in privato. Dove perfino Beppe Grillo, indomito persecutore delle multinazionali del pianeta, sulle vicende cittadine si defila: "Non farmi parlare del porto, per carità, che qui sono permalosissimi e ti rendono la vita impossibile".

Il linguaggio del potere genovese è troppo raffinato per un cronista. Ma quando il presidente della Camera di commercio Paolo Odone mi accoglie nella sbalorditiva Sala Dorata di Palazzo Tobia Pallavicino ed esordisce: "A Genova i poteri forti non esistono più", capisco anch'io che ne è il rappresentante. Attacca l'elogio del "capolavoro di Piano", ma basta attendere l'inevitabile "e tuttavia..." per assistere a una gragnuola di critiche. Fino all'esequiale: "Non si farà mai. Ci sono altre priorità, a cominciare dal terzo valico ferroviario". Allora salgo a un altro palazzo, la sede della Erg petroli di Riccardo Garrone, proprietario della Samp e di mezza città. Garrone detesta Odone e il suo "mandante" Giovanni Berneschi, il presidente della Carige: "Il centro da cui partono tutti i veti," dice secco. "E tuttavia..." Neppure lui si schiera a favore del nuovo porto e propone un suo "modello americano": "Prendere quindici teste d'uovo e studiare le soluzioni per il futuro. Non soltanto il porto, ma anche il nuovo polo tecnologico. Genova è una città magnifica e oggi attirare i cervelli è una gran risorsa". Finché, esausti, non si prende l'ultima salita, stavolta nel magnifico ascensore che porta alla collina delle vecchie famiglie, quello dei versi di Giorgio Caproni (*Quando mi sarò deciso d'andarci, in paradiso ci andrò con l'ascensore di Castelletto*). Qui Beppe Anfossi, il padrone degli acquedotti, allievo del leggendario Giamba Parodi, chiarisce il mistero: "I soldi ci sono ancora, ma si sono persi la grandezza, il rischio, se vuole anche la ferocia, dei capitani d'una volta. Che erano feroci con i foresti ma generosi nei confronti della città. La patria del capitalismo ora si accontenta della rendita".

Generosi? I ricchi genovesi? Massì, pensa a Giamba Parodi re delle acque, che viaggiava in Cinquecento (con l'autista) per risparmiare ma pagava bene gli operai. Al vecchio Angelo Costa delle crociere che prelevava una quota dalla busta paga, la investiva e alla fine si presentava ai lavoratori con la sorpresa: un mazzo di chiavi. "Ti ho comprato la casa. Se te li davo, li spendevi." Al più grande banchiere della storia, Amadeo Peter Giannini, fondatore della Banca d'America, che ha finanziato la ricostruzione di Genova nel '45. Per tutta la vita ha teorizzato che "un uomo non può voler possedere più di mezzo milione di dollari" ed è morto con un capitale stimato in 489.277 dollari, preciso e di parola come si conviene a un genovese.

Dov'è finita la grandezza dei genovesi? È rimasta attaccata ai palazzi, nella magnificenza dei musei, Palazzo Ducale, Palazzo Rosso e Palazzo Bianco, nei monumenti del centro storico più vasto d'Europa, nelle ville patrizie che schiudono giardini delle meraviglie e collezioni di quadri e salotti di fiammeggiante Barocco, nei tanti tesori segreti di una città che Čechov nel *Gabbiano* celebra come "la più bella del mondo, l'unica dove si può cogliere uno spirito universale", illuminata in certe mattine da tutta la luce del Mediterraneo. C'è voluto il coraggio dei padri, gente "selvatica", per strappare alla violenza della natura tanta civiltà e ricchezza senza poter contare su un ettaro di pianura o su un campo di grano. Chissà quanto ne occorre oggi agli ultimi genovesi per ripartire ancora una volta verso il Nuovo mondo.

Indice dei nomi

ANCONA

Berlusconi, Silvio (imprenditore e politico)
Casoli, Francesco (imprenditore)
Colombo, Cristoforo (navigatore)
Della Valle, Diego (imprenditore)
Della Valle, Dorino (imprenditore)
Della Valle, Filippo (ciabattino)
Fiorello, Rosario (showman)
Fuà, Giorgio (economista)
Guzzini, famiglia (industriali)
Ligabue, Luciano (cantante)
Mattei, Enrico (imprenditore, politico e uomo d'affari)
Menichelli, Edoardo (vescovo di Ancona-Osimo)
Merloni, Antonio (industriale)
Merloni, Franco (industriale e politico)
Merloni, Maria Paola (industriale e politica)
Merloni, Paolo (industriale)
Merloni, Vittorio (industriale)
Montezemolo, Luca Cordero di (imprenditore, dirigente d'azienda, presidente della Confindustria)
Moretti, Nanni (regista)
Myrdal, Gunnar (economista)
Olivetti, Adriano (imprenditore e politico)
Panariello, Giorgio (attore, regista, comico e showman)
Pettenati, Paolo (economista)
Pistilli, Barbara (architetto)
Polo, Marco (mercante ed esploratore)
Prodi, Romano (politico)
Ricci, Matteo (gesuita, cartografo e pubblicista)
Ripani, Toni (caporeparto Tod's)
Rossi, Ernesto (politico, giornalista e scrittore)
Rossi, Vasco (cantante)
Schumacher, Michael (pilota di Formula 1)
Solari, Giampiero (regista teatrale)
Spacca, Gian Mario (governatore della Regione Marche)
Sturani, Fabio (sindaco di Ancona)

Yoshimoto, Nara (artista)
Zedong, Mao (presidente del Partito comunista cinese)

Aosta

Bobbio, Norberto (filosofo e storico)
Bocca, Giorgio (giornalista)
Borghi, Giovanni (industriale)
Bossi, Umberto (politico)
Casini, Pier Ferdinando (politico)
Caveri, Luciano (governatore della Regione Val d'Aosta)
Caveri, Severino (politico)
Chabod, Federico (storico)
Chanoux, Émile (giurista, scrittore e politico)
Coda, Gianni (broker assicurativo)
De Sica, Vittorio (attore e regista)
Facchineri, Luigi (boss della 'ndrangheta)
Fisanotti, Gian Franco (presidente dell'Unionturismo)
Foa, Vittorio (politico)
Franzoni (famiglia)
Iamonte, Natale (boss della 'ndrangheta)
Lefebvre, Francesco (uomo d'affari)
Lefebvre, Manfredi (uomo d'affari)
Lefebvre, Ovidio (faccendiere)
Louvin, Robert (avvocato e politico)
Milanesio, Bruno (politico)
Nenni, Pietro (politico)
Nicholson, Jack (attore)
Pajetta, Giancarlo (politico)

Pallaro, Luigi (politico)
Perrin, Carlo (politico)
Rollandin, Augusto (politico)
Roullet, Piero (imprenditore)
Salvadori, Bruno (politico)
Saragat, Giuseppe (politico)
Sordi, Alberto (attore, regista, sceneggiatore e doppiatore)
Togliatti, Palmiro (politico)
Zucchi, Alberto (politico)

Bari

Berlusconi, Silvio (imprenditore e politico)
Bertelsmann (editore)
Bolzoni, Attilio (giornalista)
Caggiani (famiglia)
Capriati (famiglia)
Carofiglio, Gianfranco (magistrato e scrittore)
Cassano, Antonio (calciatore)
Cassano, Franco (sociologo)
Craxi, Bettino (politico)
Croce, Benedetto (scrittore, filosofo, storico e politico)
De Vito, Gianluigi (giornalista)
Decaro, Antonio (politico)
D'Alema, Massimo (politico)
di Cagno Abbrescia, Simeone (ex sindaco)
Di Paola, Domenico (industriale)
Divella, Francesco (imprenditore)
Divella, Vincenzo (imprenditore)
donna Paola (archivista di stato)
Emiliano, Michele (sindaco di Bari)

Fazio (famiglia)
Fini, Gianfranco (politico)
Foti (famiglia)
Girone (famiglia)
Girone, Giovanni (docente universitario)
Gonzaga (famiglia)
Greco, Mario (politico)
Greco, Salvatore (magistrato e politico)
Lacirignola, Cosimo (presidente della Fiera del Levante)
Laterza, Alessandro (editore)
Massari (famiglia)
Matarrese (famiglia)
Matarrese, Amato (ingegnere)
Matarrese, Anna Maria (casalinga)
Matarrese, Antonio (politico e presidente della Lega calcio)
Matarrese, Giuseppe (vescovo di Frascati)
Matarrese, Michele (imprenditore)
Matarrese, Salvatore (capomastro)
Matarrese, Vincenzo (presidente AS Bari)
Messeni (famiglia)
Moro, Aldo (politico)
Napolitano, Giorgio (politico)
Parisi, Savinuccio (boss della Sacra Corona Unita)
Parisi, Tony (cantante)
Petrella, Riccardo (politologo ed economista)
Petrocelli, Corrado (filologo)
Piano, Renzo (architetto)
Piva, Alessandro (regista)
Poli Bortone, Adriana (politica)

Prodi, Romano (politico)
Strisciuglio (famiglia)
Tatarano (famiglia)
Tatarella, Giuseppe detto Pinuccio (politico)
Vendola, Nichi (governatore della Regione Puglia)
Viesti, Gianfranco (economista)
Violante, Luciano (politico)
Zeuli (famiglia)

Firenze

Antinori (famiglia)
Berlusconi, Silvio (imprenditore e politico)
Bersani, Pier Luigi (politico)
Botticelli, Sandro (pittore)
Campaini, Turiddo (presidente Unicoop Firenze)
Casini, Pier Ferdinando (politico)
Consorte, Giovanni (ex presidente Unipol)
Coppola, Danilo (immobiliarista)
D'Alema, Massimo (politico)
De Zordo, Ornella (politica)
Della Valle, Andrea (imprenditore)
Della Valle, Diego (imprenditore)
Domenici, Leonardo (sindaco di Firenze)
Eco, Umberto (scrittore, filosofo e linguista)
Falchi, Anna (attrice)
Fazio, Antonio (economista)
Ferragamo (famiglia)
Fini, Gianfranco (politico)
Fiorani Giampiero (banchiere)

Frescobaldi (famiglia)
Fusi (famiglia)
Fusi, Riccardo (costruttore)
Germi, Pietro (regista)
Ginsborg, Paul (storico)
Giuttari, Michele (magistrato e scrittore)
Gnutti, Emilio (finanziere)
Gucci (famiglia)
Isozaki, Arata (architetto)
Ligresti, Salvatore (costruttore)
Livi Bacci, Massimo (demografo)
Mantellassi, Luca (presidente della Camera di commercio)
Marinelli, Augusto (rettore dell'Università)
Medici (famiglia)
Medici, Lorenzo de' (signore di Firenze, letterato e mecenate)
Michelucci, Giovanni (architetto)
Monicelli, Mario (regista)
Occhetto, Achille (politico)
Pazzi (famiglia)
Pontello (famiglia)
Prodi, Romano (politico)
Ricucci, Stefano (immobiliarista)
Sacchetti, Ivano (ex vicepresidente Unipol)
Schiavone, Aldo (direttore della Scuola superiore di studi storici di San Marino)
Speranza, Edoardo (presidente dell'Ente Cassa di Firenze)
Toni, Luca (calciatore)
Vigna, Pierluigi (magistrato)

Genova

Anfossi, Beppe (finanziere)
Baget Bozzo, Gianni (presbitero e politico)
Bassolino, Antonio (governatore della Regione Campania)
Batini, Paride (console dei camalli)
Berlusconi, Silvio (imprenditore e politico)
Berneschi, Giovanni (presidente della Carige)
Boccanegra, Simone (doge)
Braudel, Fernand (storico)
Burlando, Claudio (governatore della Regione Liguria)
Cacciari, Massimo (filosofo e politico, sindaco di Venezia)
Calvino, Italo (scrittore)
Caproni, Giorgio (poeta, critico e traduttore)
Čechov, Anton Pavlovič (medico, drammaturgo e scrittore)
Chiamparino, Sergio (ex sindaco di Torino)
Colombo, Cristoforo (navigatore)
Costa, Angelo (armatore)
Craxi, Bettino (politico)
De André, Fabrizio (cantante)
Garrone, Riccardo (imprenditore e dirigente sportivo)
Giannini, Amadeo Peter (banchiere)
Grillo, Beppe (comico, attore, blogger e opinionista)
Lenin, Vladimir, Il'ič Ul'janov (politico e rivoluzionario russo)
Lorenzelli, Vincenzo (ex presidente della Fondazione Carige)

Mazzini, Giuseppe (patriota, politico e filosofo)
Messina (famiglia)
Montale, Eugenio (poeta)
Moratti, Letizia (politica, sindaco di Milano)
Odone, Paolo (presidente della Camera di commercio)
Paganini, Niccolò (musicista)
Parodi, Giamba (finanziere)
Pericu, Beppe (ex sindaco di Genova)
Piano, Renzo (architetto)
Prodi, Romano (politico)
Profumo, Alessandro (banchiere)
Puri Negri, Carlo (immobiliarista)
Ruiz Martin, Felipe (storico)
Sanguineti, Edoardo (scrittore, poeta, critico e traduttore)
Scajola, Claudio (politico)
Tambroni, Fernando (politico)
Veltroni, Walter (politico, sindaco di Roma)
Vincenzi, Marta (sindaco di Genova)

Milano

Albertini, Gabriele (ex sindaco di Milano)
Aniasi, Aldo (ex sindaco di Milano)
Bassolino, Antonio (governatore della Regione Campania)
Bazoli, Giovanni (banchiere)
Berlusconi, Silvio (imprenditore e politico)
Beyle, Henri *alias* Stendhal (scrittore)
Bocca, Giorgio (giornalista)
Bolles and Wilson (architetti)
Borrelli, Francesco Saverio (magistrato)
Bossi, Umberto (politico)
Buscetta, Tommaso (affiliato della mafia, collaboratore di giustizia)
Calatrava, Santiago (architetto e ingegnere)
Catella, Manfredi (dirigente d'azienda)
Chiesa, Mario (politico)
Ciccone, Louise Veronica *alias* Madonna (cantante e attrice)
Cobb, Henry N. (architetto)
Colmegna, don Virginio (responsabile della Casa della carità)
Confalonieri, Fedele (presidente Mediaset)
Coppola, Danilo (immobiliarista)
Craxi, Bettino (politico)
Cuccia, Enrico (banchiere)
D'Alema, Massimo (politico)
Davigo, Piercamillo (magistrato)
Epaminonda, Angelo (capomafia)
Fini, Gianfranco (politico)
Fo, Dario (regista, drammaturgo, attore, scenografo e pittore)
Formentini, Marco (ex sindaco di Milano)
Foster, Norman (architetto e designer)
Fuksas, Massimiliano (architetto)
Gregotti, Vittorio (architetto)
Greppi, Antonio (ex sindaco di Milano)

Hadid, Zaha (architetto)
Ielo, Paolo (magistrato)
Isozaki, Arata (architetto)
Libeskind, Daniel (architetto)
Ligresti, Salvatore (costruttore)
Livingstone, Ken (sindaco di Londra)
Maiocchi, Umberto (consulente finanziario)
Mandelli, Mariuccia *alias* Krizia (stilista)
Marchini, Alfio (immobiliarista)
Martello (fratelli)
Martini, Carlo Maria (ex cardinale di Milano)
Martinotti, Guido (sociologo)
Monti, Mario (economista e politico)
Moratti, Letizia (sindaco di Milano)
Nagel, Alberto (banchiere)
Oldrini, Giorgio (sindaco di Sesto San Giovanni)
Olmi, Ermanno (regista)
Pasquarelli, Alessandro (dirigente d'azienda)
Passera, Corrado (banchiere ed economista)
Pei, Ieoh Ming (architetto)
Piano, Renzo (architetto)
Piovene, Guido (scrittore e giornalista)
Profumo, Alessandro (banchiere)
Pujol, Jordi (presidente della Catalogna)
Rosati, Onorio (segretario Cgil Milano)
Sforza (famiglia)
Tebano, il *v.* Epaminonda, Angelo
Tognoli, Carlo (ex sindaco di Milano)
Trussardi, Nicola (stilista)
Turatello, Francis (affiliato della mafia)
Vallanzasca, Renato (criminale)
Veca, Salvatore (filosofo)
Veltroni, Walter (politico, sindaco di Roma)
Veronesi, Umberto (medico e politico)
Zecchi, Stefano (scrittore, giornalista, docente universitario)
Zunino, Luigi (imprenditore)

Napoli

Beyle, Henri *alias* Stendhal (scrittore)
Bocca, Giorgio (giornalista)
Maradona, Diego Armando (calciatore)

Palermo

Andreotti, Giulio (politico, scrittore e giornalista)
Bagarella, Leoluca (capomafia)
Basile, Emanuele (capitano dei carabinieri)
Berlusconi, Silvio (imprenditore e politico)
Bolzoni, Attilio (giornalista)
Bonanno, Joseph (mafioso italoamericano)
Bonfadini, Romualdo (avvocato, giornalista, storiografo e politico)

Bontate, Paolino (capomafia)
Bontate, Stefano (capomafia)
Borsellino, Paolo (magistrato)
Brancati, Vitaliano (scrittore e sceneggiatore)
Brusca, Giovanni (capomafia)
Buscetta, Tommaso (capomafia e collaboratore di giustizia)
Cancemi, Salvatore (affiliato della mafia e collaboratore di giustizia)
Cannella, Tullio (capomafia e collaboratore di giustizia)
Capuana, Luigi (scrittore, critico, giornalista e teorico)
Cartotto, Ezio (politico)
Chinnici, Rocco (magistrato)
Ciancimino, Vito (politico)
Cinà, Gaetano (capomafia)
Confalonieri, Fedele (presidente Mediaset)
Costanzo, Maurizio (giornalista, conduttore televisivo, sceneggiatore e regista)
Craxi, Bettino (politico)
Crispi, Francesco (politico)
D'Aleo, Mario (capitano dei carabinieri)
Dalla Chiesa, Carlo Alberto (partigiano, generale dei carabinieri e prefetto)
De Cataldo, Giancarlo (magistrato e scrittore)
De Mauro, Mauro (giornalista)
Dell'Utri, Alberto (dirigente d'azienda)
Dell'Utri, Marcello (politico)
Di Carlo, Francesco (affiliato della mafia e collaboratore di giustizia)
Di Maggio (famiglia)
Di Napoli, Pippo (affiliato della mafia)
Falcone, Giovanni (magistrato)
Francese, Mario (giornalista)
Franchetti, Leopoldo (meridionalista, filantropo)
Gaio Giulio Cesare (imperatore romano)
Galante, Carmine (mafioso italoamericano)
Gambino (famiglia)
Garraffa, Vincenzo (imprenditore)
Giolitti, Giovanni (politico)
Giuffrè, Antonino (affiliato della mafia e collaboratore di giustizia)
Giuliano, Boris (investigatore della polizia di stato e capo della squadra mobile di Palermo)
Grasso, Piero (magistrato)
Greco, Salvatore (capomafia)
Ingroia, Antonio (magistrato)
Inzerillo (famiglia)
Inzerillo, Salvatore (capomafia)
La Barbera, Vito (capomafia)
La Loggia, Enrico (politico)
La Torre, Pio (politico)
Lanza di Scalea, Francesco (nobiluomo)
Letta, Gianni (politico e giornalista)
Liggio, Luciano (capomafia)
Lima, Salvo (ex sindaco di Palermo)
Lo Forte, Guido (magistrato)
Lodato, Saverio (giornalista)
Lucania, Salvatore *alias* Lucky Luciano (criminale affiliato alla mafia)
Lunardi, Pietro (ingegnere, imprenditore e politico)
Lupo, Salvatore (storico)

Mangano, Vittorio (boss mafioso)
Mannoia, Francesco Marino (affiliato della mafia e collaboratore di giustizia)
Marco Antonio (politico e generale romano)
Mattarella, Piersanti (politico)
Mentana, Enrico (giornalista e conduttore televisivo)
Morvillo, Alfredo (magistrato)
Notarbartolo di San Giovanni, Emanuele (politico)
Orlando, Leoluca (ex sindaco di Palermo)
Palizzolo, Raffaele (consigliere comunale di Palermo e parlamentare nazionale)
Pasolini, Pier Paolo (scrittore, poeta e regista)
Perugino, Pietro Vannucci detto il (pittore)
Piddu (mafioso)
Pilo, Gianni (sondaggista)
Pirandello, Luigi (drammaturgo, scrittore e poeta)
Planeta (famiglia)
Ponzio Pilato (procuratore della Giudea)
Previti, Cesare (avvocato e politico)
Provenzano, Bernardo (capomafia)
Pullarà, Giovan Battista (affiliato della mafia)
Pullarà, Ignazio (affiliato della mafia)
Quasimodo, Salvatore (poeta)
Rapisarda, Filippo Alberto (finanziere)
Reina, Michele (politico)
Restivo, Franco (politico)
Riina, Totò (capomafia)
Russo, Genco (capomafia)
Scarpinato, Roberto (magistrato)
Sciascia, Leonardo (scrittore, saggista e politico)
Segni, Mario (politico)
Sellerio, Enzo (fotografo ed editore)
Sonnino, Sidney (politico)
Teresi, Mimmo (capomafia)
Terranova, Cesare (magistrato)
Tomasi di Lampedusa, Giuseppe (scrittore)
Vassalli, Sebastiano (scrittore)
Verga, Giovanni (scrittore)
Virga, Vincenzo (capomafia)
Vittorini, Elio (scrittore)
Vizzini, Carlo (politico)
Washington, George (politico e militare, primo presidente degli Stati Uniti)

PERUGIA

Agostino d'Ippona (sant'Agostino) (filosofo, vescovo e teologo)
Angelantoni, Gianluigi (imprenditore)
Angelantoni, Giuseppe (imprenditore)
Archimede (matematico, astronomo, fisico e ingegnere)
Aristotele (filosofo)
Barbetti, Aldo (imprenditore)
Bastioli, Catia (dirigente d'azienda)
Bellucci, Monica (attrice e modella)
Benedetto da Norcia (fondatore dell'ordine monastico dei benedettini)

Berlusconi, Silvio (imprenditore e politico)
Braccio da Montone (condottiero)
Buitoni, Francesco (imprenditore)
Burri, Alberto (pittore)
Capanna, Mario (politico e scrittore)
Caprai, Marco (imprenditore)
Cecchini, Fernanda (sindaco di Città di Castello)
Chabod, Federico (storico)
Colaiacovo, Carlo (imprenditore)
Cucinelli, Brunello (imprenditore)
Galasso, Giuseppe (storico)
Galli della Loggia, Ernesto (storico)
Giannini, Stefania (rettore dell'Università per stranieri)
Guarducci, Eugenio (architetto e organizzatore di eventi)
Lorenzetti, Maria Rita (governatore della Regione Umbria)
Lungarotti, Chiara (imprenditrice)
Lungarotti, Teresa (imprenditrice)
Marini, Catiuscia (sindaco di Todi)
Montanelli, Indro (giornalista e scrittore)
Musset, Alfred de (poeta, autore drammatico e romanziere)
Petrolini, Sandro (giornalista)
Pisano, Giovanni (scultore)
Pisano, Nicola (scultore)
Prodi, Romano (politico)
Ronconi, Luca (attore e regista teatrale)
Rubbia, Carlo (fisico)
Scialoja, Toti (pittore, scenografo e poeta)
Spagnoli, Luisa (imprenditrice)
Spagnoli, Nicoletta (imprenditrice)
Springsteen, Bruce (cantante)
Stramaccioni, Aldo (politico)
Sumner, Gordon Matthew Thomas *alias* Sting (cantante)

REGGIO CALABRIA

Berlusconi, Silvio (imprenditore e politico)
Bianchi, Alessandro (politico)
Boemi, Salvatore (magistrato)
Bonnefoy, Yves (poeta, traduttore e critico d'arte)
Bova, Giuseppe (presidente del Consiglio regionale)
Briatore, Flavio (imprenditore)
Calabrese, Omar (semiologo)
Cesa, Lorenzo (politico)
Chiaravalloti, Giuseppe (politico)
Ciotti, don Luigi (sacerdote, fondatore di Libera)
De Magistris, Luigi (magistrato)
Falcomatà, Italo (politico e scrittore, già sindaco di Reggio Calabria)
Fortugno, Francesco (medico e politico)
Franco, Ciccio (politico)
Gadda, Carlo Emilio (scrittore)
Gratteri, Nicola (magistrato)
Iamonte, Natale (boss della 'ndrangheta)

Lamberti Castronovo, Valerio (politico)
Ligato, Ludovico (politico)
Loiero, Agazio (governatore delle Regione Calabria)
Marini, Valeria (attrice e showgirl)
Masciari, Pino (imprenditore)
Meduri, Renato (politico)
Mora, Lele (manager)
Nasone, Mimmo (attivista di Libera)
Nicasio, Antonio (giornalista)
Perna, Tonino (sociologo)
Piattelli, Giancarlo (politico)
Piromalli (famiglia)
Scopelliti, Antonio (magistrato)
Scopelliti, Peppe (sindaco)
Scopelliti, Tino (politico)
Sculco, Enzo (politico)
Vitagliano, Costantino (personaggio televisivo)
Woodcock, Henry John (magistrato)

Rimini

Alberti, Leon Battista (architetto, matematico, poeta, crittografo, linguista, filosofo, musicista e archeologo)
Augusto (imperatore romano)
Bartolani, Umberto (capo dei goliardi di Rimini)
Cagnoni, Lorenzo (presidente di Rimini Fiera)
Celi, Lia (giornalista e scrittrice)
Coppola, Danilo (immobiliarista)
Craxi, Bettino (politico)
Fabbri, Gianni (imprenditore)
Fabbri, Nando (presidente della Provincia di Rimini)
Fabbri, Paolo (sociologo)
Fellini, Federico (regista)
Fuksas, Massimiliano (architetto)
Giussani, monsignor Luigi Giovanni (sacerdote, filosofo e teologo)
Ligabue, Luciano (cantante)
Malatesta, Sigismondo Pandolfo (signore di Rimini e Fano)
Meldini, Piero (scrittore)
Panseca, Filippo (architetto)
Pasquini, Nin (imprenditore)
Pio II, nato Enea Silvio Piccolomini (pontefice)
Pollarini, Andrea (ideatore e direttore della Scuola superiore del Loisir)
Pratt, Hugo (autore di fumetti e saggista)
Stone, Sharon (attrice, produttrice cinematografica e modella)
Tiberio (imperatore romano)
Tondelli, Pier Vittorio (scrittore)
Velkenberg (oligarca russo)
Zavoli, Sergio (giornalista, scrittore e politico)

Roma

Andreotti, Giulio (politico, scrittore e giornalista)
Aymonino, Carlo (architetto)
Belli, Giuseppe Gioachino (poeta)

Berlusconi, Silvio (imprenditore e politico)
Bonifaci, Domenico (immobiliarista)
Bonnefoy, Yves (poeta, traduttore e critico d'arte)
Borromini, Francesco (architetto)
Bossi, Umberto (politico)
Calabrese, Omar (semiologo)
Calatrava, Santiago (architetto)
Caltagirone, Francesco Gaetano (immobiliarista)
Canetti, Elias (scrittore)
Caravaggio, Michelangelo Merisi detto il (pittore)
Cerami, Vincenzo (scrittore e sceneggiatore)
Chiatti, Laura (attrice)
Cofferati, Sergio (sindacalista e politico, sindaco di Bologna)
Confalonieri, Fedele (presidente Mediaset)
Debord, Guy (scrittore, regista e filosofo)
Decq, Odile (architetto)
Diamanti, Ilvo (sociologo)
Fellini, Federico (regista)
Fuksas, Massimiliano (architetto)
Gadda, Carlo Emilio (scrittore)
Geronzi, Cesare (banchiere e dirigente d'azienda)
Gregotti, Vittorio (architetto)
Hadid, Zaha (architetto)
Koolhaas, Rem (architetto)
Letta, Gianni (politico e giornalista)
Maroni, Roberto (politico)
Meier, Richard (architetto)
Moccia, Federico (scrittore e autore televisivo)
Pasolini, Pier Paolo (scrittore, poeta e regista)
Piano, Renzo (architetto)
Pincherle, Alberto *alias* Alberto Moravia (scrittore)
Profumo, Alessandro (banchiere)
Rogers, Ernesto Nathan (architetto)
Scamarcio, Riccardo (attore)
Sodano, Angelo (cardinale di Roma)
Sordi, Alberto (attore, regista, sceneggiatore e doppiatore)
Toti, Pierluigi (immobiliarista)
Veltroni, Walter (sindaco di Roma)
Zeichen, Valentino (scrittore e poeta)

Taranto

Berlusconi, Silvio (imprenditore e politico)
Blonda, Tommaso (ex pretore)
Boccia, Francesco (economista)
Capone, Al (gangster)
Cito, Giancarlo (imprenditore e politico)
Cito, Mario (politico)
D'Alema, Massimo (politico)
De Cataldo, Giancarlo (magistrato e scrittore)
De Niro, Robert (attore, regista e produttore)
Di Bello, Rossana (ex sindaco di Taranto)
Dini, Lamberto (economista e politico)
Florido, Giovanni (presidente della Provincia di Taranto)

Letta, Enrico (politico)
Peppino (venditore di pesce)
Pisanu, Giuseppe (politico)
Riva, Emilio (industriale)
Stefàno, Ippazio (sindaco di Taranto)
Vendola, Nichi (governatore della Regione Puglia)
Winspeare, Edoardo (regista)

Torino

Agnelli (famiglia)
Agnelli, Giovanni (imprenditore)
Agnelli, Giovanni detto Gianni (imprenditore e industriale)
Airaudo, Giorgio (segretario della Fiom)
Antonelli, Alessandro (architetto)
Calvino, Italo (scrittore)
Carbonato, Gianfranco (industriale)
Casazza, Sandro (presidente del Museo del cinema)
Chiamparino, Sergio (sindaco di Torino)
De Amicis, Edmondo (scrittore)
De Laurentiis, Dino (produttore cinematografico)
Elkann, Alain (giornalista e scrittore)
Fassino, Piero (politico)
Gaudí, Antoni (architetto)
Ghidella, Vittorio (dirigente d'azienda)
Ghirardi, Remo (immobiliarista)
Gozzano, Guido (poeta)
Gualino, Riccardo (industriale, produttore cinematografico e mecenate)
Juvarra, o Juvara, Filippo (architetto e scenografo)
La Ganga, Giusi (politico)
Luigi XIV, Re Sole (re di Francia)
Luserna di Rorà, Emanuele (ex sindaco di Torino)
Magnani Noja, Maria (ex sindaco di Torino)
Marchionne, Sergio (amministratore delegato del Gruppo Fiat)
Minghetti, Marco (politico)
Molino, Giorgio (immobiliarista)
Montezemolo, Luca Cordero di (imprenditore, dirigente d'azienda, presidente della Confindustria)
Moretti, Nanni (regista, attore e produttore cinematografico)
Novelli, Diego (giornalista e politico, ex sindaco di Torino)
Olivetti, Adriano (imprenditore e politico)
Ossola, Carlo (docente universitario)
Petrini, Carlo (fondatore di Slow Food)
Piera (operaia Fiat)
Ponti, Carlo (produttore cinematografico)
Profumo, Francesco (rettore del Politecnico di Torino)
Romiti, Cesare (dirigente d'azienda)
Sade, Donatien-Alphonse-François de (scrittore)
Salgari, Emilio (scrittore)
Novelli, Diego (giornalista e politico)

Vacis, Gabriele (regista teatrale)
Valletta, Vittorio (dirigente d'azienda)

VENEZIA

Bazoli, Giovanni (banchiere)
Bettin, Gianfranco (scrittore e politico)
Bonomi, Aldo (sociologo)
Braudel, Fernand (storico)
Cacciari, Massimo (filosofo e politico, sindaco di Venezia)
Casanova, Giacomo (avventuriero, scrittore, diplomatico ed ecclesiastico)
Casson, Felice (ex magistrato e politico)
Coin (famiglia)
D'Alema, Massimo (politico)
De Michelis, Gianni (politico)
De Rita, Giuseppe (sociologo)
Del Giudice, Daniele (scrittore)
Di Pietro, Antonio (ex magistrato e politico)
Galan, Giancarlo (governatore della Regione Veneto)
Giovanni XXIII, nato Angelo Roncalli (pontefice)
Giovanni Paolo I, nato Albino Luciani (pontefice)
Giussani, monsignor Luigi Giovanni (sacerdote, filosofo e teologo)
Goldoni, Carlo (drammaturgo)
Gore, Al (politico)
Marzotto, Pietro (industriale)
Mazzacurati, Giovanni (direttore generale del Consorzio Venezia Nuova)
Panto, Giorgio (industriale)
Pio X, nato Giuseppe Sarto (pontefice)
Poli, Umberto *alias* Umberto Saba (poeta e scrittore)
Polo, Marco (mercante ed esploratore)
Prodi, Romano (politico)
Profumo, Alessandro (banchiere)
Rossi, Luigino (imprenditore)
Ruini, Camillo (ex presidente della Conferenza episcopale italiana)
Scola, Angelo (cardinale e patriarca di Venezia)
Stella, Gian Antonio (giornalista e scrittore)
Tommaso d'Aquino (filosofo e teologo)
Zanzotto, Andrea (poeta)
Zunino, Luigi (imprenditore)

Ringraziamenti

Questo libro non sarebbe stato possibile senza la generosità di diverse persone.

Ringrazio Ezio Mauro per i molti suggerimenti; le redazioni locali di "Repubblica" di Genova, Bari, Firenze, Milano, Torino; Alessandra Carini, a Venezia, per il prezioso aiuto.

Grazie anche a Beppe Baldassarro, cronista coraggioso che mi ha guidato fra i misteri di Reggio Calabria.

Ho poi attinto più volte all'esperienza e all'intelligenza di due grandi inviati, Attilio Bolzoni e Filippo Ceccarelli, e del professor Corrado Bologna.

Devo inoltre ringraziare i lettori di "Repubblica", che con le loro critiche mi hanno aiutato ad aggiustare il tiro.

E tre persone le cui critiche mi sono servite in passato e ora mi mancano moltissimo: mia sorella Cinzia, Luigi Pintor e Claudio Rinaldi. Ho spesso pensato a loro, strada facendo.

Indice

7 Introduzione

21 Palermo fantasma
41 Reggio Calabria, la dimenticata
51 Taranto fallita
59 Bari e il Muro
69 Napoli
71 Roma neobarocca
79 Perugia capitale
87 Ancona, modello Marche
95 Firenze senza principe
107 A Rimini non c'è il mare
115 Venezia made in China
125 Milano, i nuovi oligarchi
143 Aosta, la repubblica
151 Torino dopo
161 Genova, il Piano regolatore

171 Indice dei nomi
185 Ringraziamenti

Stampa Grafica Sipiel
Milano, ottobre 2007